金融学是什么

美国经济学家·百万畅销书作家
[美]威廉·哈维（William Harvey）________著　　张楚彤________译

原版漫画图解

COIN'S
FINANCIAL
SCHOOL

地震出版社
Seismological Press

图书在版编目（CIP）数据

金融学是什么 /（美）威廉·哈维著；张楚彤译 .
-- 北京：地震出版社，2022.1
ISBN 978-7-5028-5262-7

Ⅰ . ①金… Ⅱ . ①威… ②张… Ⅲ . ①金融学－通俗读物 Ⅳ . ① F830-49

中国版本图书馆 CIP 数据核字 (2021) 第 259990 号

地震版 XM4767/F（6211）

金融学是什么
［美］威廉·哈维 著
张楚彤 译
责任编辑：范静泊
责任校对：凌 樱

出版发行：地震出版社
北京市海淀区民族大学南路 9 号　　邮编：100081
发行部：68423031　68467991　　传真：68467991
总编室：68462709　68423029
证券图书事业部：68426052
http：//seismologicalpress. com
E-mail：zqbj68426052@ 163. com
经销：全国各地新华书店
印刷：固安县保利达印务有限公司

版（印）次：2022 年 1 月第一版　2022 年 1 月第一次印刷
开本：710 × 960　1/16
字数：140 千字
印张：11.5
书号：ISBN 978-7-5028-5262-7
定价：48.00 元

出版说明

从19世纪70年代中期到20世纪末，美国卷入了一场激烈的辩论中，其中很大一部分辩论内容是关于货币政策方面的。也就是在这个时候，美国知名学者威廉·哈维出版了本书（1894年），他借用“金融家科因”之口，以通俗的语言讲述了金融学的基本知识，如货币的原理、金银比价知识、信用体系、关税，等等。本书图文并茂，文字生动、浅显易懂，是一本能够加深我们对金融学理解的普及性读物。本书出版后成了一本超级畅销书，在11个月的时间里售出40万册，以美国当时的人口计算，平均每150个人中就有1个人在读本书，“报童在每个火车站叫卖它，每个雪茄店都有出售——几乎每个人都在读它”。

阅读本书时，我们还要注意其时代背景。当时，英国是美国的最大债权国，其对美国的投资相当于美国国民生产总值的20%。对此，威廉·哈维写道：“英国占有了我们的灵与肉。它正在对美国进行和平征服，它在18世纪用枪炮未能做到的事，却在19世纪用金本位制做到了。”这本书其实也从侧面反映了美国一直以来奉行的金融逻辑，即把国内矛盾转化为国外威胁论或者阴谋论，比如威廉·哈维就认为当时最大的债权国——英国正在用金本位制对美国进行和平征服。由于时代所限，作者的观点具有一定的局限性，读者在阅读本书时应取其精华，去其糟粕，用书中的知识财富来丰富自己的头脑。

卷首语

在基督徒时期，罗马帝国的金属货币总值达1,800,000,000美元。而到了15世纪末，罗马帝国的金属货币总值就缩减到了200,000,000美元（亚当·斯密博士告诉我们，1455年，小麦在英国的价格是每蒲式耳[①]两便士）。从罗马帝国到黑暗时代，这样一段灾难性的过渡时期，历史上绝无仅有：人口减少，贸易、艺术以及自由统统消失了；由于贫穷和困苦，人们沦为身份最为卑贱的农奴和奴隶，社会近乎四分五裂。哥伦布发现新大陆后，贵金属的数量得到了恢复，价格也随之上涨，社会不再支离破碎，摆脱了封建主义的桎梏，并重新燃起近乎熄灭的文明火炬。

——1878年美国货币委员会（U.S. Monetary Commission）的报告

哥伦布于1492年发现了美洲新大陆

① 蒲式耳：英文单词为bushel，一种计量单位，在英国1蒲式耳等于8加仑，相当于36.3688升。

1893年，美洲人民庆祝哥伦布发现这片新大陆。当时，社会正处于萧条时期，因为法律削减了作为主要货币的贵金属的一半数量。经济萧条造成的后果十分严重，人们处于贫穷和苦难中，生活状况十分艰难。在此种情况下，与自我保护的本能相契合的，唯有个体的自私；人类所有崇高的抱负，都随着主要货币数量的减少和价格的下降而萎缩和消失。诚实的劳动者找不到工作，他们饥肠辘辘又无家可归，失业者们日日围坐在哥伦布雕像下，他们绝望异常。

位于芝加哥的哥伦布雕像

目录

Coin's Financial School

第一章

货币的原理

第一课

说起货币问题，与之有关的诸多事实存在很多不确定性，致使多数人无法理智认识。

如今世事艰难，国家不宁：大多数商品要想被销售出去，其定价需低于生产成本；成千上万的人面临失业窘境；而监狱、救济院、精神病院这类场所却挤满了人；华盛顿的黄金储备正在缩水；政府处于入不敷出状态，每个部门的财政无一例外地出现赤字；巨额债务如乌云般笼罩着我们的国家；税收承担了抵押贷款的重要性，50%的公共财政收入可能会遭到拖欠；饥肠辘辘、吃不饱饭的人们集结成群，涌向华盛顿，哀号声无处不在；商业面临瘫痪；贸易也停滞不前；暴动、罢工事件频繁发生；解决社会弊病的一些计划一经实施就惨遭破坏，其损坏程度与失事的火车相比并无二致。看来，华尔街也没找到理由来解释为何自废除《谢尔曼白银购买法案》后，美国社会并未恢复繁荣。

明智、有识之士是时候站出来承担拯救国家的责任了。住在芝加哥的年轻金融家科因正是遵照这一想法，成立了一所金融学校，向公众澄清谣言，教授科学知识。他教导年轻人，希望他们能清楚地理解那些人们一度认为晦涩深奥的问题。他还希望自己能够引导年轻人走出谣言、异端邪说和主义的迷雾怪圈，因为正是这些真真假假的说法才造成了美国的动荡不安。

1894年5月7日，科因的金融学校开始了第一堂课。

科因向全校学生讲话

来上课的学生可不少，上课地点选在芝加哥艺术学院的一个大厅，这里已经座无虚席。商人、银行家的儿子都来了，事实上，各商业阶层皆有代表来上课。不过，相比起来，还是记者来得多些。科因走上讲台，看起来像个八面玲珑的小金融家。他说道：

“我很高兴见到这么多人来上课。这说明你们都渴望学习并掌握一门曾令你们父辈困惑不解的学科。将来你们会成为执政者，用自己的正直和才智构建政府的未来。

“我希望你们从我这里学到的，是经得住理性分析的观点；你们可以自由地问问题、提出批评。当然，如果有人觉得和他想法不同的人全都是疯子、傻子，那么请他离开。”

这时，《先驱报》的主编斯科特先生的儿子起身走了出去。停顿片刻，科因继续说道：“我要教给你们一些有关货币的基本问题，这些问题现在人们正津津乐道。”

货币单位

“货币须有单位。在算术里你们学过什么是单位，所以这里我在黑板上写下数字1。在算术中，1是一个单位，所有的数都是数个1的总和，所有的数也都是1的倍数。因此，在数学中，单位是一个必要的起点。不过，就铸造货币而言，单位也是同样必要的。宪法赋予国会‘铸造货币，调议其价值’的权力。国会采用黄金和白银来铸造货币，然后开始确定货币单位。

“国会要确定的是1美元应该由多少黄金或者白银构成，这和数学家的做法如出一辙。数学家也要确定一个数字，其他计数都应起于该数字。国会最终确定，货币单位由371¼格令[①]纯银混以一定量的其他金属（较贱金属）构成。混以其他金属是为了提高和增强货币的硬度和耐久性。那时是1792年，是华盛顿和杰斐逊的时代，也是革命先辈的时代，他们对英国有一腔怨怼，也深知英国对美国的图谋。

“为摆脱英国统治，实现国家独立，他们奋战了八年之久。在看到最后一个英国士兵撤离我们的土地时，他们便开始着手建立一个永久性政府。他们首先做的就是将371¼格令白银作为商品价值的计量单位。371¼格令白银

① 格令：对应的英文单词为grain，历史上使用过的一种重量单位，最初在英格兰定义一颗大麦粒的重量为1格令。1格令=1/7000磅=64.79891毫克。

构成1美元，1美元又是一个货币单位。接着他们规定其他所有货币的价值都要根据1美元银币这一单位计算。所以，10美分、25美分和50美分硬币都是确定好的1美元银币的辅币。

“黄金虽也能制成货币，但它的价值是依据这些银币或者美元的价值单位确定的。黄金和白银价格的比率（金银比）为15：1，后来又变成16：1。所以在制造金币时，它的相对重量是按这个比率来调节的。

数学中的单位

“直到1873年，这一直都是法律的规定。在这一段漫长的时间里，货币的价值单位从未改变，一直包含371¼格令纯银。因为这是法律的规定，谁也不能说1美元银币所含的白银只值47美分，或者说不值100美分、1美元，因为它自己本身就是价值单位。因为这是法律的规定，所以若要说1美元银币中所含的白银只值47美分，那就如同说我在黑板上写的数字1只是0.47一般荒唐。

“自金银比从15∶1变为16∶1后，1美元银币或银币单位的大小未变，1美元金币的价值单位却变得更小了，从含纯金24.7格令降到含纯金23.2格令。这一变化始于1834年，而1美元银币到1873年一直保持既定的价值单位不变。

“在清偿债务方面，金币和银币皆是法定货币。不管是铸造金币还是银币，铸币厂都来者不拒。所以直到1873年，我们实行的是所谓的金银复本位制，不过实际上白银是我们国家的基础金属，黄金是一种伴随金属，与白银享有同样的特权，只不过还是由白银确定货币的价值单位，调节黄金价值。

“在从黄金和白银这两种金属中，选择白银来确定货币的价值单位这件事上，我们的祖先颇具智慧。他们的选择大多依据这样一种观点：被选为代表货币价值单位的金属此后在价值上是不可改变的。也就是说，1美元金属货币中的金属价值不能低于1美元，因为它本身就是价值单位。艺术界对于白银的需求或其他国家对银币的需求，可能会导致1美元银币的售价高于1美元，但是绝不会低于1美元——绝不会低于银币本身的价值。

“在考虑从黄金和白银这两种金属中选择哪一种来确定货币的价值单位时，他们更倾向于选择白银，因为白银最为可靠，是人们最推崇的货币，而且人人手中皆有白银。那些存心通过制造货币短缺来损害商业利益的人，可没办法一下子将所有白银像黄金那样都攥到自己手里藏起来。这就是我们的祖先最终选择用白银这一更为稳定的金属来确定货币的价值单位的主要原因。由于白银在交易中使用度更高，而且也更受人们青睐，所以银币被称为人民的货币。

“人们认为黄金是有钱人的货币。拥有黄金的主要是有钱人，穷人几乎不拿黄金做交易，非常贫困的人甚至都没见过金币。”

第一次中断

此时，来自《芝加哥论坛报》的年轻人梅迪尔举起手，示意他有话要说，有问题要问。科因于是停下来，询问他想说些什么。

梅迪尔起身说："我父亲说过，早在1837年我们就已实行金本位制了，在1873年之前，美国仅仅铸造了800万美元的银币。"梅迪尔刚说到这里，来自《农场、田野和炉边》报的年轻人威尔逊也问了个问题："谁是《芝加哥论坛报》的老板？"

科因敲了敲桌子上的铃以恢复秩序，因梅迪尔先生提问在先，所以他直接忽略了威尔逊的问题。

科因回答道："在1873年之前，美国铸造了1.05亿枚银币，其中800万枚是1美元的银币。你父亲说'美国仅仅铸造了800万美元的银币'，其实他说的意思是'美国仅仅铸造了800万枚1美元的银币'。他还忘了说，另外9,700万枚分别被制成了10美分、25美分及50美分的硬币。

"在1860年以前，已有约1亿枚外国银币涌入美国，其中主要是西班牙、墨西哥和加拿大银币。国会通过法案，早已使这些外币成为美国的法定货币。因为自身拥有的货币无法满足内需，所以国会通过法律让所有外国银币在本国成为法定货币。国会通过的那些法律分布于1873年之前的所有法令中。接下来，我就为你们念一念其中一条。”说着科因就拿起了美国政府在华盛顿发布的有关贷款、货币、铸币及银行业务的法律的复印本，他说：“凡写信给财政部的人，就可获得一个复印本。”

他读的是第240页，内容如下：

“并进一步规定，从本法令通过之日起，下列外国银币将作为货币在美国境内流通，并可由账户按以下汇率收取，以清偿债务、满足需求：西班牙双柱银元、墨西哥银币、秘鲁银币和玻利维亚银币……

“考虑到白银稀缺的问题，杰斐逊和杰克逊两位总统都建议民众，在美国能够获取更多银条之前，比起1美元的银币，10美分、25美分和50美分硬币是更佳的选择。这就是为什么1.05亿枚银币中只有800万枚被制成了1美元银币。”

科因继续说道：“在争取白银货币地位的斗争中，法国通过将金银比设为15½：1来竞购白银，因为美国的金银比为16：1，黄金的用途又与白银相同，这就导致美国的白银外流。所以，1853年国会将面值小于1美元的银币的重量标准下调，从而防止它们外流。

“所以在1873年之前，美国铸造了1.05亿枚银币，拥有约1亿枚外国银币，或者说美国共有2.05亿枚银币，并且一直在竭尽所能抓牢它们并获取更多银币。所以金银曾是货币价值的衡量尺度。我们的确应记得在1860年到1873年之间，美国几乎没有银币或金币在流通，但是在1861年之前，美国确有2.05亿枚银币在流通。”

说完科因看向梅迪尔，问梅迪尔他是否回答了他的问题。梅迪尔这个年轻记者一下子涨红了脸，低下了头，而一边的威尔逊还在嘟囔着什么论坛报的老板是英国人。

小斯科特回来了

小斯科特又走进了教室，他手里拿着本书。他向科因表示他希望为自己刚才的行为道歉，如果科因允许的话，他想留下来继续学习。

科因告诉他，只要他能够允许别人有和他不同的观点，他就可以继续当金融学校的学生。

随即小斯科特说："我听说，你说过在1873年之前用白银来确定货币的价值单位，一枚1美元的银币由371¼格令纯银或416格令标准银组成。那时金银都被用来确定货币的价值单位，这不是事实吗？我们有双重的衡量货币价值的标准，这不是容易让这两种金属随时分离吗？这样做的后果难道不像两个长度不同的码尺在使用中产生的后果？我想提醒你注意一下你刚才所读的那本书的第213页的条例，上面说1枚鹰币或者说10美元金币是10个美元单位。这不正明确说明了法律也规定了一个黄金单位吗？"

说完他坐下了，看起来骄傲极了，活脱是个刚开了炮的炮手，这一炮又仿佛对敌人的队伍产生了致命影响。

在听到小斯科特对于货币单位的见解时，科因点了点头；当听到小斯科特有关两种货币单位的说法时，他又觉得有趣。科因回应道："我今天上午提到的这项法律是1792年4月2日通过的，到1873年之前一直有效。你们可以在我的手册中找到。现在我为你们念念这项法律。

“每一美元或美元单位相当于现在流通的西班牙银元的面值，含371¼格令纯银或416格令标准银。

“要是你忽略了‘西班牙银元’这几个字，那你就会解读为：‘每一美元或美元单位含371¼格令纯银或416格令标准银。’

“就是这项法律确立了美元单位，这项法律也是到1873年为止唯一有关这一问题的解释法律。

“现在，我说说你提到的那项法律，在第9节，内容如下：鹰币——每枚价值等于10美元或10个美元单位。

“按照同一法令中确定的15：1的价值比率，一枚鹰币含247格令纯金或270格令标准金。可以看到，法律并没有像你说的那样‘1枚鹰币或者10美元金币是10个美元单位’。法律说的是：‘等于10美元或10个美元单位。’换言之，1枚10美元金币的价值等于10枚1美元银币的价值。

“再换一种方式说，就是：由于法律确立了371¼格令纯银为银币的一个计量单位，金币中的含金量要由不时确定的金银价值比率来调节。”

小斯科特说：“要是我没正确理解你说的法律，我现在希望你这么说。这是个解决事实问题的地方。你所说的法律并没有规定1美元金币包含很多价值单位，而是规定了金币的价值相当于很多价值单位。”

这个来自华盛顿街的记者并没有发现什么区别，所以急于下结论了。

小斯科特在发现自己身处劣势后，俯身向坐在他旁边的埃文斯寻求帮助。埃文斯来自《经济学人》，他自认为在几年前就已掌握了政治经济学这门学科，还把他的报纸命名为《经济学人》。但他现在才发现，他对这门学科的了解并没有他想象的那么深。他在这方面的知识都是从《芝加哥论坛报》《先驱报》《纪事报》以及《日报》这些报纸上学来的，殊不知，这些报纸上的这些信息也是从其他报纸或杂志上转载而来的。

埃文斯先生了解政治经济学的途径

所以，即便他的朋友斯科特现在处境尴尬，他也只能对他表示极大的同情，然后摇摇头，表示无能为力。斯科特见状，只得默默坐回他的位子。

科因继续说道："你们能注意到，确立美元或单位的法律并没有像规定黄金的那样，规定1美元或1单位的价值应等于371¼格令银的价值，而是规定1枚银币的含银量为371¼格令。虽然后来其中其他金属的含量发生了变化，但是直到1873年，371¼格令都是1枚银币的含银量，也一直是银币价值的计量单位。"

这时，一个站在教室后排的椅子上，看起来挺机灵的孩子举起了手，在科因询问过他后，他说："我想知道标准银是什么意思？"

黄金和白银手拉手走进美国的铸币厂

科因解释说："政府在黄金或白银中混合了其他金属。混合了其他金属的白银或黄金就叫作标准银或标准金。未混合其他金属的白银或黄金叫作纯银或纯金。标准金和标准银中的其他金属含量都是按重量计算的，将重量分成1000份，900份是纯金属，100份是其他金属。银币中的其他金属是铜，而金币中的其他金属是铜和银，但是银的含量不能超过全部铜和银含量的十分之一。标准银和标准金就是混合了其他金属的合金。

"现在我认为我们了解1873年之前的货币价值单位了，"科因说道，"我们以1美元银币为货币的价值单位。黄金和白银都是美国的货币，它们'手拉手'走进美国的铸币厂。"

1873年的罪行

科因继续说道："我现在要开始讲1873年的法案了。1873年2月12日，国会通过了一项法案，修订铸币法律。修订后的铸币法律包含15页内容，它废除了1792年法案中的单位条款，取而代之的是以下法律条款："美国的1美元应为金币，其标准重量为25⅘格令，应成为货币的价值计量单位。

"法案还取消了'白银可以被无限制地铸造成银币'这一条款，除面额为5美元的银币外，白银作为法定货币偿还债务的职能也遭到破坏。

"那时候我们全都在使用纸币。没人用银币或金币来做交易。所以，到硬币支付制度即将恢复之时，合众国仿佛才意识到之前所做的一切。报纸在那段时间，包括在1873年2月13日，都没有对此变化做出任何描述。时任美国总统的格兰特将军后来表示，他对此一无所知，要是知道国会会剥夺白银的货币地位，他不会签署法案。

"用弗吉尼亚州参议员丹尼尔的话来说，法案'像猫儿走路一样悄无声息地'通过了国会。

"由50万人组成的军队侵入我们的国土，轰炸我们的海岸，都没能让我们放弃'人民的货币'，用'富人的货币'取而代之。匆匆通过的法案仅有15页内容，寥寥数言就做到了，笔锋真是胜于武力啊。

“但是我们来这不是为了发泄情绪，我们是来了解事实的，了解清楚、直接的事实。

“1873年法案决定以一定量的黄金来确定货币的价值单位，至今这也是法律的规定。在以一定量的白银来确定货币价值单位的时候，黄金可以自由铸币，而且可以作为法定货币来清偿债务。现在世态变了，一定量的黄金成了货币价值单位，白银却无法被自由铸成货币了。

“铸币厂也拒绝接受白银。若是白银能够拥有和1873年之前的黄金相同的权利，我们或许可以认可以一定量的黄金为货币价值的计量单位。但是白银并没有享受同样的权利。以一定量的白银为货币价值的计量单位时，人们对金币的无限需求使得黄金供不应求，这提升了黄金的价值。”

这时，芝加哥《新闻晚报》的小维克多·弗里蒙特·劳森打断了科因的话，他说他的《新闻晚报》已一遍又一遍地发表声明，国家的白银量已经变得十分充沛，白银已经不再是贵重金属了。小维克多愿意相信这种声明多源于他对白银的偏见。他会愿意知道这不是事实吗？

“这声明可不是真的，”科因回应道，“在我手册的第21页有一个关于这一话题的表格，由伦敦的统计学家马尔霍尔汇编。这个表格记录了6个时期全世界被铸成钱币和未被铸成钱币的金银数量，这6个时期分别是1600年、1700年、1800年、1848年、1880年和1890年。表格显示，在1600年，黄金与白银的相对数量之比为1∶27；1700年，黄金与白银的相对数量之比为1∶34；1800年，黄金与白银的相对数量之比为1∶32；1848年，黄金与白银的相对数量之比为1∶31；1880年，黄金与白银的相对数量之比为1∶18；到了1890年，黄金与白银的相对数量之比同1880年一样。

“美国现在生产的白银比以前任何时候都不多，或者说至少直到最近是如此。世界总体的白银产量也减少了。外国给美国的白银定价，然后按它们自己定的价格把白银从美国带走。不久前，铸币厂厂长发布的一份报告，显示了去年美国的贵金属产量，其中黄金产量为167,917,337美元，白银产量为143,096,239美元。所以，事实和你之前认为的恰恰相反，国家的白银量不仅没有变得更充沛，反而变得不再那么充沛。

“任何人写信给华盛顿的财务部部长索要官方统计手册，都可以获得此统计数据。也可以写信给铸币厂厂长索要那份报告。要是你得不到回应的话，写信给国会议员，他们可以为你免费提供这些信息。

白银是如何被刺杀的

“1873年2月，在美国剥夺了白银的货币地位时，1盎司白银官方价值1.292美元。所以说白银贬值的论点是站不住脚的。现在人们提出的反对白银的论点在当时没有一个是说得通的，它们全都是1873年罪行的‘私生子’。

“白银被偷偷地剥夺了货币地位，从那以后，一个强大的货币托拉斯通过欺骗、歪曲的手段让成千上万的老实人误入歧途。”

美联社的小威廉·亨利·史密斯想知道金币价值单位的大小是否曾发生过变化，是否超过了科因提到的1834年那次金币价值单位变化的幅度。

“是的，”科因回应道，“1837年，金币的纯金含量从1美元23.2格令变为23.22格令。这一改变是为了计算方便，而且只应用于金币，而1美元银币（价值单位）直到1873年才改变。”

货币本位制的变动导致工厂倒闭、工人失业

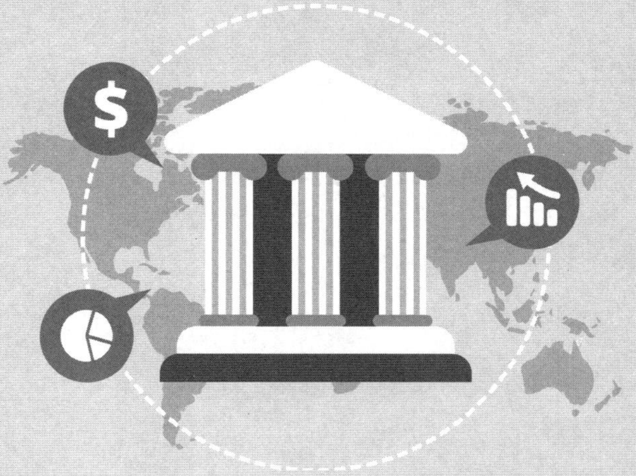

Coin's Financial School

第二章

金银比

第二课

第一天晚上，消息就在芝加哥传开了：面对所有提问，年轻的金融家科因的回答都颇令人满意。不过崇尚金本位制的老家伙们对此颇为不屑，他们嘲弄科因，说和他对峙的都是些孩子们。

除了《时代报》和《纪事报》，其他晨报都歪曲报道了第一天的实际情况。《芝加哥论坛报》和《先驱报》的社论中更是充斥了侮辱性的谩骂言辞。

范·本特胡森先生是《芝加哥论坛报》的主编。这家报社的老板让他写一份支持金本位制的论据。他写了一篇30行的社论，在社论中，他把复本位制论者叫作“狡诈的主张自由铸银者”“赤裸裸的雄辩家”“废话连篇的人”“小偷”“骗子”“背信弃义之徒”“狡猾诡诈、厚颜无耻的江湖骗子”“恶毒的疯子”，这些精心堆砌的词汇，他一连用了好些遍。

次日，报社的老板叫他看看这篇社论，问他为何不写论据，他回答：“争辩！争辩就是唯一的论据！”

第二天早晨，科因到达艺术学院，发现大厅已经人满为患，多数是中老年人。

他们要求科因的“学校”面向所有年龄段的人开放。此举是为了阻挠科因成功授课，因为他们会给科因抛来很多棘手的问题，包括繁复难解的疑问和深奥难懂的命题。这样他们就可以侵犯他、扰乱他，嘲笑他的窘境，然后对他说：“我们早告诉过你。”这就是他们的计划。

科因同意了。

所有位子都坐满了，很多人只能站着听。当科因开始他的讲课时，秩序变得十分井然。

《芝加哥论坛报》提出一个论点

比率

科因说："1873年之前，美国的金银比为16：1，为铸造银币，之后也一直保持这一比率。也就是说，1美元银币中的白银重量是1美元金币中黄金重量的16倍。或者反过来说，1美元金币中的黄金重量是1美元银币中白银重量的1/16。

"1834年时，当金银比为15：1时，1美元金币中的黄金重量是1美元银币中白银重量的1/15。金银比变为16：1时，1美元金币中的黄金重量减少，成为1美元银币中白银重量的1/16。

"而银币中的白银含量却不受影响。银币作为商品价值的计量单位受到维护，所以保持不变。而金币中纯金的重量从 24.7 格令减到 23.2 格令，变成 1 美元银币中纯银重量（371¼ 格令）的 1/16。这就是比例的意思。"

芝加哥第一国民银行的行长莱曼·盖奇先生打断了科因的话。

他一直在找机会讲话，现在他觉得机会来了，他要一击制胜。

他站起来，所有人都看向他，毕竟他在芝加哥可是"首屈一指的人物"。他的话在金融界就是信条。"要是他一无所知，他怎么会成为阿勒格尼山脉以西最大银行的负责人呢？"这是芝加哥人在他们开动脑筋时所能做出的思考。

芝加哥人一向忙碌，在面临所有诸如国家金融政策之类的问题时，他们的脑筋就会无意识地被像盖奇先生这样的人牵着转。城市不会孕育出政治家，城市孕育出的是专业人士。专业人士即便妨害他人的生意，也要拓展自己的生意。政治家却要胸怀宽广，需要兼顾所有人的利益，尤其是贫困阶层的利益。

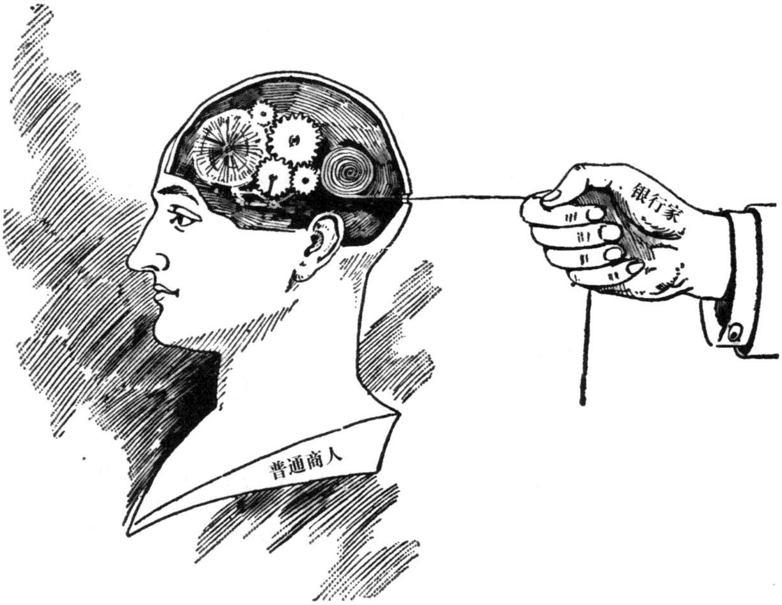

银行家操纵着商人

那些为世界创造财富的人（劳动者），他们的幸福应该得到考虑，可是后来经手这些财富的人却很少考虑这些财富创造者的利益，贪婪与自私蒙蔽了他们的双眼。他们正春风得意，眼中自然看不到他人的利益。

因此，盖奇先生是个好银行家、好专家，却不是个好政治家。而林肯总统是个好政治家，却成不了好银行家。

除了昨日被科因说服的人，在场的其他人多数是支持盖奇的。

盖奇先生说："我想提个问题。"

"你继续说。"科因应道。

"两种金属，其产量不断变化，你如何保证在任意固定比率下，让它们拥有相同的商业价值？"

"这是支持金本位制的'债券谬论'，"科因回应，"商业价值是由供给和需求调节的，其实任何商品的商业价值都是由供给和需求来调节的。如果某一商品的需求持续上涨而供应不涨，那么该商品的商业价值就会持续上涨。

"当世界上所有的铸币厂都被打开，然后各国政府说'我们要把这里所有的金银都取走'，由此就创造了无限需求，而金银的供给量是有限的。现在，有限的供给加上无限的需求就导致市场上这两种金属的商业价值持续上涨，并且势不可挡，除非政府说'等等，这些金属代表货币，其流通价值由我们确定。1美元的白银重量为371¼格令，1美元的黄金重量为23.2格令，我们按这个标准将它们分别制成美元'。

"虽然无限需求已经创造，但是供给可以满足这种需求的点是确定的，无限需求拉动金银的商业价值达到这一点：在金银比为16：1的情况下，作为货币价值计量单位的371¼格令纯银，其商业价值是1美元，1盎司[①]白银价值约1.29美元，23.2格令的黄金价值1美元，1盎司黄金价值约20.68美元。"

"我来给你们做个图解。"科因边说边在身后的黑板上画了两只手，每只

① 盎司：在金衡制中，1盎司=480格令。

手分别从木梁上的洞里抽出一根绳子，绳子末端分别有两个小木块。

“现在，”他俯身向欧文·富兰克林·奥尔迪斯先生借来手杖，指着黑板上的图，继续说道，“拉绳子的手代表无限需求的力量，木梁代表需求不再增加时的美元价格，在绳子末端，紧贴着木梁的两个小木块分别代表白银和黄金。

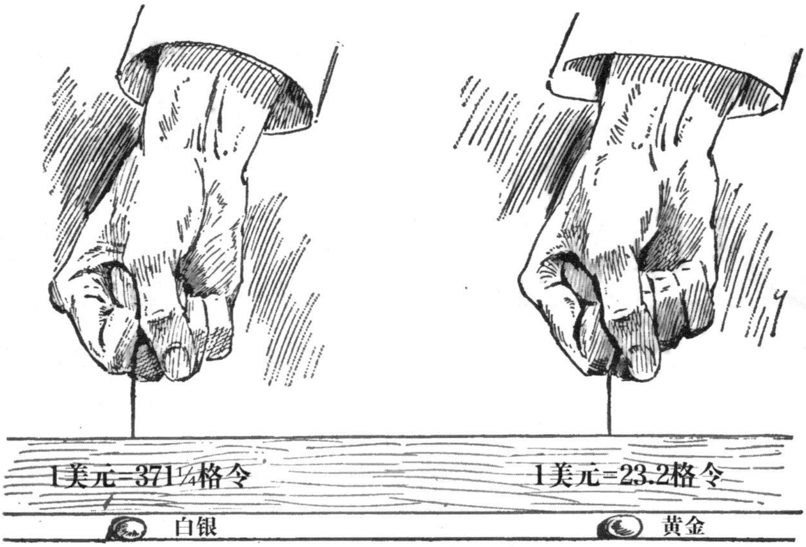

需求影响金银的商业价值

“代表需求的是两只手。若是拉白银绳子的手松开，代表白银的小木块就会掉落，对这一金属（白银）的无限需求就没有了，而对另一金属（黄金）的无限需求还存在。混乱就源于整个市场对白银的无限需求消失了。”

站了一会儿，盖奇先生又坐下了，他对科因的话产生了兴趣。

科因继续说道：

“1816年，英国剥夺了白银的货币地位，但是德国、拉丁货币联盟和美国的铸币厂依旧可以自由铸造金币和银币，由此产生的市场需求足以保证金银平价（等值），所以英国的举措对白银的价格并未产生任何影响。

“在英国，没人会用白银换取低于同等价值的黄金，因为他们可以穿过海峡到达法国，进行黄金和白银的公平交易，所以在1873年之前，用黄金衡量的白银价格在英国乃至世界基本都是相同的。

“1873年，美国铸币厂不再铸造银币，使得黄金成为唯一的货币价值的衡量标准。

“同年7月，德国紧跟着通过了同样的法律。这两个大国的举措导致年底白银的商业价值（用黄金衡量）下降了2%。

“拉丁货币联盟的铸币厂于1874年1月不再自由铸造银币，年底，白银的商业价值（用黄金衡量）下降了4%。

“接着就是用新标准币衡量的白银的商业价值逐渐下降，为使白银的商业价值持续下降，美国多次发布法令，包括1876年撤销向大清帝国等东方国家供应的贸易银元的法定货币地位，1878年授权批准票据、债券、抵押贷款只能用黄金支付。后者是《布兰德–埃勒森法案》中的内容，此复印版可在‘科因的小册子’中找到，或者可以找你们的国会议员要一份。该法案歧视所有其他形式的货币并允许债权人规定债务人的债务须用金币偿还。

“这些法案颁布之后，政府又出台了既定政策，宣布用金币赎回包括银币在内的其他货币。

“欧洲国家同时也在推行此类立法，所以到了1893年夏，白银价格已经下跌至原来的35%；随后印度关闭银币铸造厂，白银价格下跌至原来的50%。

金银商业价值比较

“英国统计学家索尔贝克先生比较了全球范围内黄金和白银两种金属的相对商业价值，制成了一张表格，”科因说，“展示了1873年前后各19年中的用黄金衡量的白银价值。该表用指数表示白银的价值，反映的是那些年中伦敦的年度白银价值。

“我已经把表格打印出来了，会发给你们。”

这时候一些小男孩出来把科因打印的表格分发给大厅里的人。

等到表格分发完了，科因看向盖奇先生，说道：

“从此表格中可以看出，1873年之前的19年中，我刚才所说的那些国家的法律还是规定自由铸币。那段时间，在英国实行金本位制的情况下，伦敦市场中白银价值指数上下波动幅度不超过5。这19年的平均数据显示，白银相对于黄金溢价，这是因为法国和美国的金银货币价值比率差异造成了混乱。

“若是各国金银比相同，那么唯一不同的就是汇兑差额，即当金银分布不均时，不同地方对金银的需求所产生的运输成本。

“1854—1872年，世界上白银和黄金数量的变化对金银相对商业价值的影响也不大。

索尔贝克先生绘制的表格

1854—1873年	伦敦年度白银价值指数	伦敦年度白银价值指数	1873—1892年
1873	97.4	97.4	1873
1872	99.2	95.8	1874
1871	99.7	93.3	1875
1870	99.6	86.7	1876
1869	99.6	90.2	1877
1868	99.6	86.4	1878
1867	99.7	84.2	1879
1866	100.5	85.9	1880
1865	100.3	85.0	1881
1864	100.9	84.9	1882
1863	101.1	83.1	1883
1862	100.9	83.3	1884
1861	99.9	79.9	1885
1860	101.4	74.6	1886
1859	102.0	73.3	1887
1858	101.0	70.4	1888
1857	101.5	70.2	1889
1856	101.0	78.4	1890
1855	100.7	74.1	1891
1854	101.1	65.4	1892

“伦敦的统计学家马尔霍尔先生，编制了统计数据，显示了世界上不同时期白银与黄金的相对数量，他的统计数据得到了各政府报告的证实。

“马尔霍尔先生只统计出了1848年、1880年和1890年白银与黄金的相对数量，中间其他时期并未统计。但根据他给出的统计结果，我们发现，1848年世界上白银与黄金的相对数量之比为31：1，1880年白银与黄金的相对数量之比为18：1，1890年白银与黄金的相对数量之比与1880年相同。

“1848—1880年，白银相对于黄金的供应量下降，1854—1872年又继续下降，而在这两段时期中两种金属的相对价值却没受到影响。

“要是索尔贝克先生的表格记录下了1848年或者1792年的数据，其间白银与黄金相对数量之比的变化不会比1854—1872年这段时期大。

“1848年，白银与黄金的相对数量之比为31∶1，与黄金相比，白银产量严重过剩了。根据马尔霍尔先生给出的数据进行估计，1872年白银与黄金的相对数量之比为19∶1，较黄金而言，白银数量大幅减少。而在1848—1872年，两种金属的商业价值并没有区别，法国金银货币价值比率混乱和金银兑换成本都无法解释这一点。

“1849—1854年，加州金矿对黄金的开发大幅增加了世界上的黄金存量。很多和盖奇先生有一样想法的人，认为两种金属的供给量发生了变化，所以开始鼓吹剥夺黄金的货币地位。

“然而，就黄金产量而言，我们发现其对金银两种金属的相对商业价值并未产生影响，原因是人们对于金银的需求都是无限的，所以在此方面金银两种金属都享有优势。

“人们剥夺黄金货币地位的尝试并未持续多久，因为执着于剥夺黄金货币地位的人们后来发现黄金仍继续维持其商业价值，他们通过自由铸币这一实际操作，认识到了自己的错误并放弃了曾经的想法。

“要是硬币支付制在1873年就已经恢复，不用说，硬币就不用被剥夺货币地位了，人们会意识到金属货币的好处，而且它也会像1850—1854年那样，每天向人们显示它的重要性。

“法国战争①结束之后，英国暂时停止使用硬币支付制。其间，英国议会于1816年剥夺了白银的货币地位，其做法和美国大同小异。

---

① 法国战争，即法国七年战争（1756—1763年），又称英法七年战争，是欧洲两大军事集团英国-普鲁士同盟与法国-奥地利-俄国同盟，为争夺殖民地和霸权而进行的一场大规模战争。

两百年的对比

“为了给你们展示从古代到1873年自由铸币法在维持金银同等商业价值方面有很好的作用，我给你们每人分发一份文件，是美国财政部发行的《美国统计摘要》第50页的复印版。”

等到文件分发到包括盖奇先生在内的所有人手里时，科因才继续讲道：

“你们从表格中可以看到，1687—1873年，金银两种金属的价格比率从未低于14.14∶1，也从未高于16.25∶1。

“这种差异是由不同政府确定的金银比不同，还有交易成本不同造成的。1834年之前，美国确定的金银比是15∶1。

“从1687年顺着往下看到1873年，这中间金银比多平稳啊。

“然后你们再看1873年！到1873年为止，两个世纪中，尽管供给量不同，但白银与黄金的价格比率保持在同等水平。

“现在你们看1873—1892年，在这么短的时间里发生了多大的变化啊，同胞们。

“到1892年，不再是1磅黄金等同于15~16磅白银，而是约24磅白银的商业价值才相当于1磅黄金的商业价值。到现在，市场上约32磅白银才相当于1磅黄金。

金银比

（1892年，《美国统计摘要》第50页）

年份	比率	年份	比率	年份	比率	年份	比率	年份	比率	年份	比率
1687	14.94	1722	15.17	1757	14.87	1791	15.05	1825	15.70	1859	15.19
1688	14.94	1723	15.20	1758	14.85	1792	15.17	1826	15.76	1860	15.29
1689	15.02	1724	15.11	1759	14.15	1793	15.00	1827	15.74	1861	15.50
1690	15.02	1725	15.11	1760	14.14	1794	15.37	1828	15.78	1862	15.35
1691	14.98	1726	15.15	1761	14.54	1795	15.55	1829	15.78	1863	15.37
1692	14.92	1727	15.24	1762	15.27	1796	15.65	1830	15.82	1864	15.37
1693	14.83	1728	15.11	1763	14.99	1797	15.41	1831	15.72	1865	15.44
1694	14.87	1729	14.92	1764	14.70	1798	15.59	1832	15.73	1866	15.43
1695	15.02	1730	14.81	1765	14.83	1799	15.74	1833	15.93	1867	15.57
1696	15.00	1731	14.94	1766	14.80	1800	15.68	1834	15.73	1868	15.59
1697	15.20	1732	15.09	1767	14.85	1801	15.46	1835	15.80	1869	15.60
1698	15.07	1733	15.18	1768	14.80	1802	15.26	1836	15.72	1870	15.57
1699	14.94	1734	15.39	1769	14.72	1803	15.41	1837	15.83	1871	15.57
1700	14.81	1735	15.41	1770	14.62	1804	15.41	1838	15.85	1872	15.63
1701	15.07	1736	15.18	1771	14.66	1805	15.79	1839	15.62	1873	15.92
1702	15.52	1737	15.02	1772	14.52	1806	15.52	1840	15.62	1874	16.17
1703	15.17	1738	14.91	1773	14.62	1807	15.43	1841	15.70	1875	16.59
1704	15.22	1739	14.91	1774	14.62	1808	16.08	1842	15.87	1876	17.88
1705	15.11	1740	14.94	1775	14.72	1809	15.96	1843	15.93	1877	17.22
1706	15.27	1741	14.92	1776	14.55	1810	15.77	1844	15.85	1878	17.94
1707	15.44	1742	14.85	1777	14.54	1811	15.53	1845	15.92	1879	18.40
1708	15.41	1743	14.85	1778	14.68	1812	16.11	1846	15.90	1880	18.05
1709	15.31	1744	14.87	1779	14.80	1813	16.25	1847	15.80	1881	18.16
1710	15.22	1745	14.98	1780	14.72	1814	15.04	1848	15.85	1882	18.19
1711	15.29	1746	15.13	1781	14.78	1815	15.26	1849	15.78	1883	18.64
1712	15.31	1747	15.26	1782	14.42	1816	15.28	1850	15.70	1884	18.57
1713	15.24	1748	15.11	1783	14.48	1817	15.11	1851	15.46	1885	19.41
1714	15.13	1749	14.80	1784	14.70	1818	15.35	1852	15.59	1886	20.78
1715	15.11	1750	14.55	1785	14.92	1819	15.33	1853	15.33	1887	21.13
1716	15.09	1751	14.39	1786	14.96	1820	15.62	1854	15.33	1888	21.99
1717	15.13	1752	14.54	1787	14.92	1821	15.95	1855	15.38	1889	22.09
1718	15.11	1753	14.54	1788	14.65	1822	15.80	1856	15.38	1890	19.75
1719	15.09	1754	14.48	1789	14.75	1823	15.84	1857	15.27	1891	20.92
1720	15.04	1755	14.68	1790	15.04	1824	15.82	1858	15.38	1892	23.72
1721	15.05	1756	14.94								

注：1687—1832年的比率取自A.赛特贝亚博士的表格，1833—1878年的比率取自皮克斯利和阿贝尔的表格，1879—1892年的比率取自伦敦发给铸币局的每日电报。

“在过去200年的自由铸币时期，金银比变化仅仅约2，而剥夺了白银的货币地位后，两种金属的价格比率变化达到16，而且到了后期，相较于黄金，白银的产量越来越少。

“在这里我们来演示一下自由铸币是如何控制金银两种金属的商业价值的。

“在金银货币价值比率确定的情况下，自由铸币或无限需求对于确定这两种金属具有相同的商业价值起着实质性的作用，实际上它们差不多是同一种金属，所以产量的差异不会对它们的商业价值产生任何影响。

“我换一种方式说明。”不到一分钟，科因就在黑板上画了两个蓄水池，里面都充满水，两个蓄水池中间用一根管子相连。

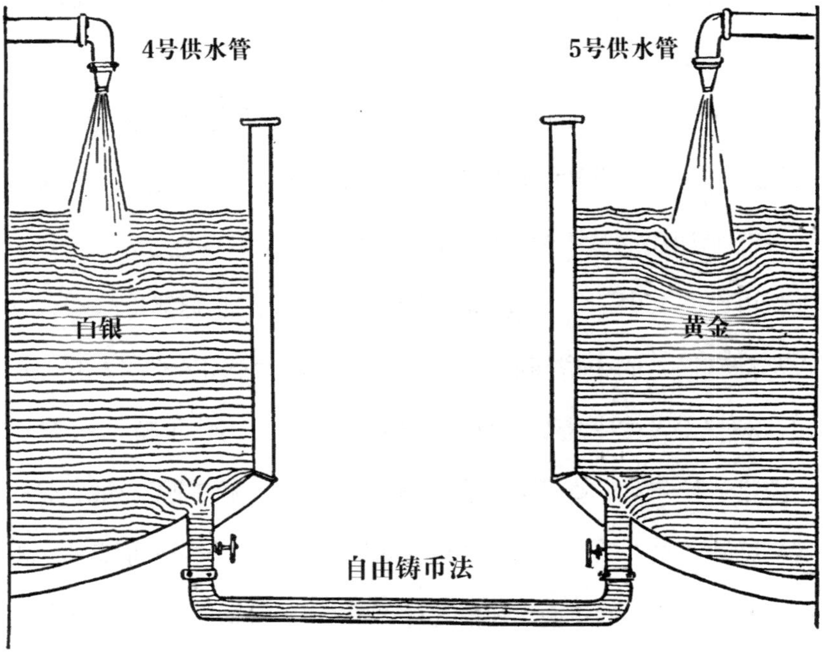

自由铸币法保持金银的价值相同

科因用手杖指着蓄水池和中间的连接管，说："现在，一个蓄水池中的水代表白银，另一个蓄水池中的水代表黄金。中间的连接管实际上让它们变成了一体，所以不管是黄金还是白银，都能满足政府对货币的要求。只要中间的连接管一直存在，两个池子中的水就能保持平稳（一样高）。要是拿掉连接管和4号、5号供水管，水量会随时变化，那么这种平衡就会遭到破坏。

"自由铸币法（连接管）可以保持两种金属的商业价值相同，所以要是限制自由铸造银币，那黄金受到干扰也是自然的。

"1873年之前，'连接管'还在自由发挥作用时，法国的金银比为15½：1，而美国的为16：1，这种比率差异只是干扰因素，只会造成两种金属的相对价值略有波动。

"但是当'连接管'被切断后，两种金属以及所有财产的价值都会出现混乱。

"所以现在若是我未能回答盖奇先生的问题，我想请他说说为什么。"

人们聚精会神地听着科因讲话，安静得连一根针掉下的声音都能听见。大厅里只有科因的讲话声，他的演讲有一种征服人心的魔力。

来听讲座的人中不乏学者和深谋远虑的商人，他们都是聪明人，其中很多人都拥有自己的大型商业区。正是这些资本家造就了今天的芝加哥，他们包括利安得·麦考密克、H. H. 科尔萨特、L. Z. 莱特、菲尔·D. 阿穆尔、波特·帕尔默、塞缪尔·阿勒顿、马歇尔·菲尔德、约翰·V. 法威尔和富兰克林·麦克维这样的商业巨头，以及在地方和国家享有盛名的法务人员卢瑟·拉芙林·米尔斯、亨利·G.米勒法官、库珀、爱德温·沃克和A. S. 特鲁德。

科因讲话的方式有一种魔力，能让每个人听清并理解他说的每个字。他们带着批判的眼光听科因讲话，企图找出他说的事实或推理中的错误，令他们惊奇的是，他们找不出错误，因为科因的讲话非常有逻辑。

不管是目睹了房租下降和房屋空置税上涨现象的房地产老板，还是在萧条的市场里做了20年生意的商人，现在他们每个人都对货币问题产生了兴趣。

盖奇先生承认了

盖奇先生站起来说："你刚才说的在固定货币价值比率下保持金银等值，是建立在世界主要国家都采纳自由铸币法且加大两种金属作为货币的使用度的情况下。只有在国际范围内实行金银复本位制，你刚才说的那些理论才会起作用。但是单靠美国可没法维持金银等值。如果这样的话，白银会更便宜，黄金会外流，我们在国外也不会获得信誉，接着我们的商业就会陷入混乱。就此方面，你的回答可不能让我满意。"

科因说："那么盖奇先生，如果那些出台了类似美国的1873年法令的国家允许自由铸币，就可以让金银在15½：1或者16：1这样的固定比率下保持等值。在这一点上，我们是否能达成共识？"

盖奇先生回道："是，我同意。"

"感谢您，要是现在所有人都和盖奇先生一样满意，那我们就已经取得很大进展了。理解我们说过的基本原理，那些在过去得到调整的、应用的原理，那些经过检验被证明成功的原理，对我们进一步研究这一课题至关重要。

"在安排学校课程时，我认为最好把美国自由铸币的课题留到最后。这样等我回答这个问题时，它就会和我们之前遇到的问题一样简单易懂了，我现在不打算改变顺序。

“从芝加哥媒体的语气中不难理解，对目前商业萧条的形成原因，以及其中有多少地方要归咎于白银非货币化，我们看法不一。我们先找出造成这种灾难性情况的原因，再谈谈补救办法。

“我们都知道，1873年美国的一些铸币厂关闭，然后是德国，接着1874年拉丁货币联盟的一些铸币厂也关闭了，导致用黄金衡量的银价下降了35%。1893年，印度的一些铸币厂关闭，进一步让银价下跌了50%。”

金银数量

“在白银被剥夺货币地位之前，黄金和白银都可被制成偿还货币。而且由于两种金属数量差不多，所以，用它们制成的偿还货币的数量加起来是单单用黄金制成的偿还货币数量的两倍。根据我们铸币厂厂长的报告，世界上现有价值3,727,018,869美元的黄金，价值3,820,571,346美元的白银。

“由剥夺白银货币地位引发的两种金属之间平价关系的混乱，加上试图维持黄金交易信用的做法，导致世界上的偿还货币从7,547,590,215美元减至3,727,018,869美元，接近原数额的一半了。”

一个房地产商提问

“我想知道你为什么说白银被剥夺货币地位了，它现在还是每天都在流通啊，而且我们还是把它当作货币使用。”说话的人是一名房地产商，名叫乔治·H. 罗泽特。

单本位制或跛行的复本位制

科因回道：“我们都已经了解金银两种金属的商业价值是如何产生分歧的了。也是因为相同的法律，白银可用黄金偿还，但是白银不再是偿还货币。现在流通的银币同纸币一样，都可用黄金偿还，所以现在的银币叫辅币或者代币。

“严格来说，除了偿还货币，其他所谓的货币只有在证明支票是货币这一前提下才叫货币。

“从你说的意思来看，白银是货币，镍和铜也是货币，但是它们不在偿还货币的储备中，以前黄金和白银都是偿还货币，现在只有黄金是偿还货币。现在的白银虽然在我们的货币中地位不再突出，但是纸币或其他金属也无法取代它。剥夺白银货币地位的意思是指白银不再是主要货币。我们现在实行的是金本位制，并且经历了一段‘跛行’的复本位制时期。”

变化的比率

商业银行的出纳员弗雷德·米勒，在表示了他问问题的意愿后就开始阐述他的问题了。

他说："似乎不论何时金银比发生变化，银币中的纯银含量都不会受影响，而金币中的黄金含量却要发生改变。我想知道：其中有什么特别的原因吗？为什么改变的是黄金，而不是白银？"

科因回道："因为1美元银币是货币的计价单位，所以比起其他金属，人们更加维护白银的货币地位。但是还有另一个原因，这个原因往往很重要，那就是重新铸币的成本问题。银币和金币的数量比大约是100：1。要把1000万美元铸成10美分硬币，需要铸制1亿枚硬币；要把100万美元铸成25美分硬币，需要铸制400万枚硬币，铸成50美分银币，需要铸制200万枚硬币，铸成1美元银币，则需要铸制100万枚硬币。

"铸造金币的话，需要铸制的硬币就相对少很多。把100万美元铸成10美元金币，只需要铸制10万枚硬币；铸成20美元的，仅需铸制5万枚硬币。所以重铸银币的成本比重铸金币的成本高多了。而且对于政府和人民，把所有银币都收集起来极为不便，而收集并重铸金币就方便得多。

"重新铸造银币的成本比重新铸造金币的成本更高，花的时间也更多。

不过最重要的原因还是银币是人民的货币，我们的先辈尊重它的完整性和特性。

“时间差不多了，今天的课就讲到这里，我们明天继续上课。”（下课）

盖奇先生，以及所有和他一样来这里听科因讲课只是为了反驳科因观点的人，都若有所思地走出了大厅。

他们之前的结论是金本位制才是正确的，不过他们只研究了问题的一个方面。他们之前对自己的观点十分坚信，还给国会立了“反对自由铸造银币”的纪念碑。

这些人的观点是建立在金本位制是美国所采纳的最好的金融制度这一理论之上的，他们认为没有必要采用国际复本位制。

现在，第一次遇到一个懂货币科学的人，他们感觉挺意外，令他们感到更意外的是，这个人还是个年轻小伙子。他们没有嘲笑他，也没有把他弄糊涂，反而在听了他的话之后，不得不同意他清晰而无可辩驳的观点。

现在，他们只希望阻止他表明是白银的货币地位被剥夺才导致了商品价格下降，从而致使美国商业停滞以及工业状况混乱，因为我们已经被迫接受了欧洲强加于我们的金融体系。

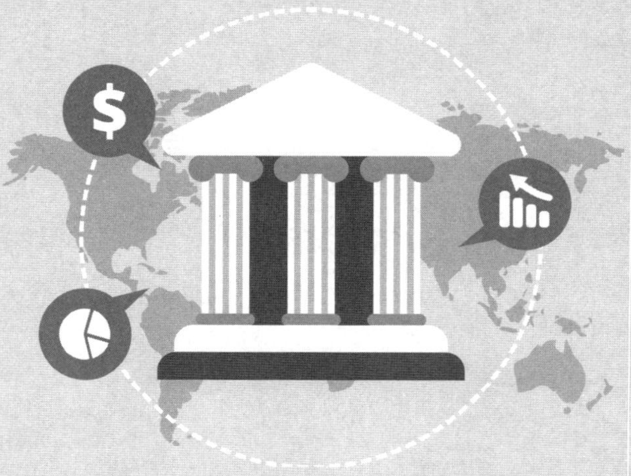

Coin's Financial School

第三章

交易媒介与信用货币

第三课

许多人前来听课，可见大家对科因的讲座产生了日益浓厚的兴趣。科因也受到了人们的特别欢迎，他一进大厅，人们就簇拥着他，热情地和他握手。

他确信芝加哥有很多支持复本位制的人，但是这个问题让他们感觉困惑。人们认为这是个深奥的问题，一般也没有人试着去解决它。解决这个问题需要了解很多数据和事实，这些都是大家不熟悉的内容，所以他们也不指望能解决它。

向科因问好的人里，最热情的就是住在草原大道2449号的乔尔·比奇洛先生。

比奇洛先生说："帮帮他们吧，年轻人。他们的眼睛都被那阵淘金热给蒙蔽了。我给他们发了沃尔什主教的小册子，让他们稍微开了开眼界。"

比奇洛先生不同于多数复本位制主义者。他并不是因为个人生意失败才被迫去找失败的原因。他是个很大的房地产老板，没有债务，有很多积蓄，是个博爱的人，他关注人民的幸福。希望有更多这样的人！

科因一边愉快地向大家问好，一边穿过人群走上讲台，准时在10点开始了第三天的讲座。

科因开始说道："和数学一样，货币学是一门科学。"

"世上所有商品的主要价值是交换价值，如果没有货币，我们就会采用物物交换的手段。比如，若是你需要商人货架上的印花棉布，你会用1蒲式耳土豆或者类似的你能提供的东西来换。所有商品都具有交换价值，1蒲式耳小麦也可以买很多磅糖，以此类推。

"这就是商品的交换价值。货币是一种交换媒介，可以促进商品交换。

"要是没有货币，我们就得依赖物物交换，或许在其中也能找到生存之道，但那样就不会有我们现在的文明了。

"每个商人都得做好储存各种各样商品的准备，不管是易腐烂的还是他从交换中获得的其他商品。铁路公司也要做好准备，安排好那些用物品支付的车费、运费，直到把它们再次交换出去。

"你要是去剧院，可能得准备一箱卷心菜或别的什么东西来付入场费。

"不过因为没有支付劳动报酬的可行方法，所以商业几乎会走向终结，文明也会倒退。

"如果没有货币会产生这么严重的后果，那么货币这门学科就有了极大的意义。

"没有货币会导致不可预测的商业停滞和萧条，货币的质量或数量不达标同样也会带来类似的后果。

"首先，最好是选择本身具有价值的东西作为货币。选择具有交换价值的东西，这样人们在卖掉自己财物的同时也会获得本身具备同等价值的东西。

"通过将其印制成钱币再赋予它清偿债务的权利，它就成了货币，具备两种特质。

“其一，它本身具有价值。如果政府把它作为货币的印记粉碎，它仍是贵重商品，而且仍具有交换价值。

用物品换取剧院票

“其二，制成货币后，它就成了普遍的交易媒介，取代了易货贸易。政府在其上加盖的印记是其数额和质量的证明。如此，把商品变成货币，我们就有了既有用又具价值的交换媒介。”

采用白银和黄金

“在采用了许多易腐金属制作货币后，出于经验和智慧，人们开始使用白银和黄金制作货币。

“要是经验表明，还有用其他金属制成的货币比用白银和黄金制成的货币更适合充当货币，那我们也会采用它。

单本位制

单本位制

“金银两种金属的优点是既不易生锈、不易腐蚀，也不易着色，更无气味，和其他金属相比，耐用性更强。白银的耐用性又比黄金强一些，磨损对黄金造成的损失要比白银大，而且白银可携带在口袋中并大量使用，而损失很小。白银和黄金，一个是人民的货币，一个是富人的货币。就像走路要两条腿，看东西要用两只眼睛一样，人们要想生活富足，这两种货币都是必不可少的。

“一般认为作为主要货币，白银和黄金的数量是足够的，但如果什么时候出现了它们的总量过少的情况，那么就需要在使用金银的基础上再采用第三种金属。在必要的时候，自由铸币原则所产生的无限需求规律，会把第三种金属和金银联系起来，从而增加货币数量。

“所以那些货币体系的建立者，会依据所采用的自由铸币原则，在应对银矿和金矿枯竭时产生的货币短缺问题时，提供一套行之有效的补救措施。”

一次打断

每个人都聚精会神地听着，没人打断科因的讲话。

这时，坐在前排的芝加哥国民银行的行长、《先驱报》和《晚间邮报》的大老板约翰·R. 沃尔什先生起身提出问题：

“政府如何通过法律提高任一商品的商业价值？”

科因问：“你昨天不在这吗？”沃尔什先生回答说他昨天不在这。

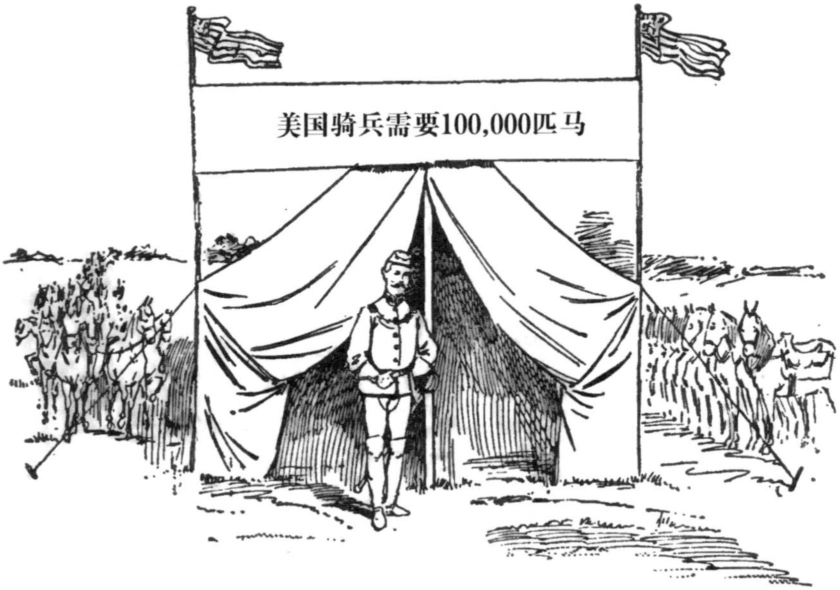

科因说："假设明天国会授权政府购买100,000匹特定大小和优质的骑兵马，然后政府就到市场上购买马匹，马的价格就会提高，不光是政府要买的那种马的价格会上升，因为要填补政府买走的马的数量空缺，其他马的价格也会提高。"

单本位制

单本位制

科因话音刚落，掌声便响起来了，许多人脸上都现出微笑。这反映了两件事：一是科因的回答令人满意；二是科因的课程取得了进展。这可是科因第一次收获掌声。

科因继续说："政府可以为商品创造需求。"

"有时候一部可能会通过的法律也会提高商品的价值。最近参议院财政委员会正在审议《关税法》，在人们得知该委员会将赞同对糖征收高额关税后，美国制糖公司的股票市值提高了15%，该公司的股票总额是8,000万美元，这次有希望通过的法律让该公司的股东财富增加了1,200万美元。如果沃尔什先生您听了昨天的讲座，您就会理解自由铸币法是如何确定白银的商业价值的。

“在白银可以被自由铸成货币的时候，我们要实现的目标不是提高其交换价值，而是赋予其固定不变的价值。”

货币是一门科学

“现在我们把货币作为一门科学来看待。严格地说，除了被选为国家货币的金属货币，其他的都不算是货币。然而现在人们往往还把国民银行券、绿钞和其他形式的纸币称作‘货币’。

“在一个国家确定了它的货币之后，还会发行一些不同形式的信用货币，所有这些货币都可或直接或间接地兑换成商品，而这些商品被赋予了固定和稳定的价值。

“这样做是为了方便交易，为了促进商业发展和商品交换。信用货币不会让你的真实货币增加一分钱，但它可以代表你的真实货币的价值，而且携带方便。

“所有货币都是交换媒介，但只有主要货币是价值尺度。信用货币并不是价值尺度，只是交换媒介。

“我接下来提到的‘货币’指偿还货币或主要货币。一般情况下，在提到所有其他形式的货币时，我将使用‘信用货币’一词。

“就制造材料而言，信用货币可分为两类：一类是纸质的，包括法律不时授权发行的各种形式的政府票据和银行票据；另一类是代币。

“代币是由金属制成的，不能自由铸造。

“各种信用货币可以流通，是因为它们可以或直接或间接地被兑换成货币——偿还货币和商品货币。纸币或代币背后都有政府支付这些钱的承诺，用于实现承诺的货币叫偿还货币。

“你有很多纸币或信用货币，说明你可以从发行它们的政府和银行那里获得一样多的偿还货币。这些纸币或信用货币是向银行出示的你持有货币的证明。

“所以它们被叫作‘信用货币’。信用货币能够流通，基于的是政府的信用，基于人们对政府的信心，人们相信当出示这份证明时政府一定会将其兑现。

“我费了很多劲想让你们明白真实货币和信用货币的区别，因为不理解这点就无法理解我们的货币制度。

“在所有商业交易中，真实货币难以携带，这就使代表它的信用货币得以发行，就像小麦粮仓证明是给那些把小麦放在粮仓里的人使用一样。这样的证明是用来交易的，转让这些证明就等于转让这些证明所代表的小麦。人们不能把房子揣在口袋里，但是能把契约揣进去。

“当你把信用货币揣进口袋时，实际上你携带的是具有商业价值的商品所有权证明。

“在发行1美元兑1美元的信用货币作为偿还货币的证明时，政府没必要在国库中保留足量的偿还货币以备随时兑现。

“经验告诉我们，只要国家有足够的偿还货币，政府就会发行信用货币。但要是发行的信用货币数量超过整个国家的偿还货币数量，那危机就迫在眉睫，人民也会对政府极大地失去信心。

“假如美国一共有10亿美元的偿还货币在国库里、银行里和人民手中，那么发行10亿美元的信用货币是保险的，但不能发行更多了。

“要是想增加货币数额，保险的做法是增加偿还货币数额，每增加1美元偿还货币，就可以增加1美元信用货币。

挖走信用货币的基础

“如果想要损害货币，可以使信用货币的发行量超过其正常数量，或者可以通过减少偿还货币的供给来挖走信用货币的基础。

“取消白银的货币地位毁掉了美国一半的偿还货币。过程是这样的：通过确立一定量的黄金为货币的计量单位，并让铸币厂不再铸造银币，减少了对白银的需求，导致用黄金衡量的白银的商品价值立即下降。

“以前银币和金币是作为商品货币捆绑在一起的，所有商品的价值都用它们来衡量，而现在金币成了唯一的价值尺度，银币沦为信用货币——代币。

“自新的货币标准建立后，白银的数量一下子减少为过去的一半——白银开始波动。按照新的价值衡量标准来衡量白银的价值，我们会发现白银的价值在市场上起起落落且白银不再具备自由铸币法赋予它的固定价值。它就像个没有尾坠的风筝，虽然起起落落，但整体趋势是向下的。银币的地位从偿还货币沦为代币。

“从那时起，金币与银币之间就一直处于强制等值的紧张状态。也就是说，现在金币是银币的基础货币，这和政府让金币与纸币之间保持平价关系是一样的。意思就是，现在金币是我们的偿还货币，而银币和其他各种形式的纸币构成的是信用货币。

“每一位继任的财政部部长都指出，法律声明：我们金融体系的目标是维持所有货币之间的平价关系。金币是我们最为宝贵的货币，所以要维持所有货币之间的平价关系，它们就得以作为偿还货币的金币为基础货币。

“法律声明的是良好的金融管理体系中的一个公理。所有的货币都应该是平价的，一种货币和另一种货币同样好。

“要是一种货币的商业价值是另一种货币的一半，或者比另一种低得多，那这两种货币就不可能都成为偿还货币。在这种情况下，价值低的那种货币必须依赖价值高的那种，实际上价值低的那种货币会变成信用货币，而价值高的那种货币会成为唯一的偿还货币。

“现在美国的各种类型的货币加起来约有1,600,000,000美元，其中约三分之一是金币，三分之一是银币，还有三分之一是纸币。所以美国有三分之一的货币是偿还货币，三分之二的货币是信用货币。

“从白银被取消货币地位之时起就酿成大错了。补救措施就是恢复白银的货币地位，恢复其商业价值。除此之外，《购银法案》或者任何不恢复自由铸银的处理方式皆于事无补。”

D.H.惠勒先生想知道科因是不是不相信，政府要是发行5亿绿钞会导致商品价格上涨。

科因的回答是“不相信”。他说：“这会更早地破坏本就摇摇欲坠的金融体系。恢复商品价格的补救措施就是恢复白银的货币地位，到那时再发行更多的绿钞。”

一般原则

科因继续说道：

“大家知道，货币首先是一种商品、一种财物，具备和别的商品进行交换的价值。信用货币是商品货币的一个凭证，在用商品货币交换商品时，信用货币不会提高商品货币的价值，只会促进和便于商业交易。就像小麦证明不能提高小麦的交换价值，也不能提高小麦所换之物的交换价值，只能便于商品交换。

“商品货币是商品价值的衡量尺度，它的数额是商品价值的衡量标准，每一美元都可作为衡量标准的一部分。信用货币并不能提高商品货币的价格，只是促进基于这种价值衡量标准的商业交易。

“在1873年以前，我们的商品货币或者偿还货币是银币和金币，信用货币是纸币和铜币。

“自1873年开始，我们的偿还货币就只是金币了，信用货币包括纸币、银币、镍币和铜币。银币和镍币加入铜币和纸币的队列，成为代币。”

这时候沃尔什先生又站起来了，明显是有问题要问，于是科因停止讲话。

沃尔什先生问道：“支票、汇票等交易已经非常重要，对货币的需求难道没有减少吗？货币的首要用途是进行商品交换，既然很多大宗商品交易不需要使用货币，那何不从大宗商品交易中除去货币？”

“这种说法属于常见错误，”科因说道，“也有一些人和沃尔什一样信心十足地竭力主张这种观点。这种情况确实导致信用货币的数量减少了，但是并没有减少必要的偿还货币数量。政府采用信用货币不是因为其自身的价值，而是为了方便使用。可以替代信用货币的其他便利手段都是为了相同的目的。

“偿还货币是商品价值的衡量尺度，什么都无法取代它、协助它，除非具有和它相同的商业价值。

“认为支票和汇票很大程度上替代了信用货币的看法也是错误的。商人携带一本支票簿就可以避免携带一大卷钞票所带来的危险和不便，但是他们所开的每一张支票的金额需要和他们在银行中的信用相当才能兑现。但是要是一个人开了一张100美元的支票，这张支票在一天内转手了6个人，偿还了6项不同的债务，它的作用也不过是一张100美元纸币的作用，纸币也可以这样操作，也能偿还一样多的债务，在此方面，支票就不比纸币有优势了。

“支票是这样扩大信用货币的使用范围的：一家银行可能在支票上存了1,000,000美元，但实际上银行手头只保留了400,000美元。这样银行和支票系统就让这1,000,000美元发挥了更大的效用，但对真实货币的需求一点也没少，用替代品扩大信用货币的使用范围只会更加显示实际货币的重要性。”

我们的金融和信用体系

科因继续讲道：

“建立在主要货币或偿还货币基础上的信用凭证，分三种形式。

“第一种：信用货币，包括纸币和各种形式的代币——可用偿还货币兑换。

“第二种：支票、汇票和其他形式类似纸币的票据，见票即付。

“第三种：银行券、债券等在未来特定日期或应急时兑付的信用凭证。

金融信托公司的成员

“在不计后果的商业时代，第二种或第三种信用凭证的发行量超过正常规模就可能引发社会恐慌。银行券、债券等到期却得不到兑现。由于缺乏信心，人们争相收回债务，生怕延期会危及债务回收。

“在这样的时期，出现银行挤兑是很自然的，由于缺乏足够的存款准备金以兑现支票等，很多银行都会破产。

“我来举例说明。”

说着科因展开了一张图，接着他又展开了几张图，用来说明偿还货币和信用凭证之间的关系。

他用一根手杖指着这些图，说：“这些柱形图的最底部代表偿还货币。其上第一栏代表信用货币；第二栏代表支票以及其他各种形式见票即付的个人信用凭证；第三栏代表银行券、债券、抵押证明等各种形式要求用货币兑付的债务证明，这些债务会在将来按合同约定应付款时支付。所以在偿还货币之上，共有三种信用凭证。

“标着‘图一’的柱形图代表的是一切处于正常、健康的状态——这一货币结构比例若是改变太大，会出现风险。

“标着‘图二’的柱形图所显示的货币结构比例，经常出现在政府过度自信、国家繁荣的时候。一般情况下，若是一个人发现他可以轻易地贷款5,000美元，那等他生意得到发展时，他会把贷款增加到10,000美元。这种贷款行为会蔓延，最后城市、县和公司都会增加贷款。

“标着‘图三’的柱形图显示的是这种状况带来的后果。

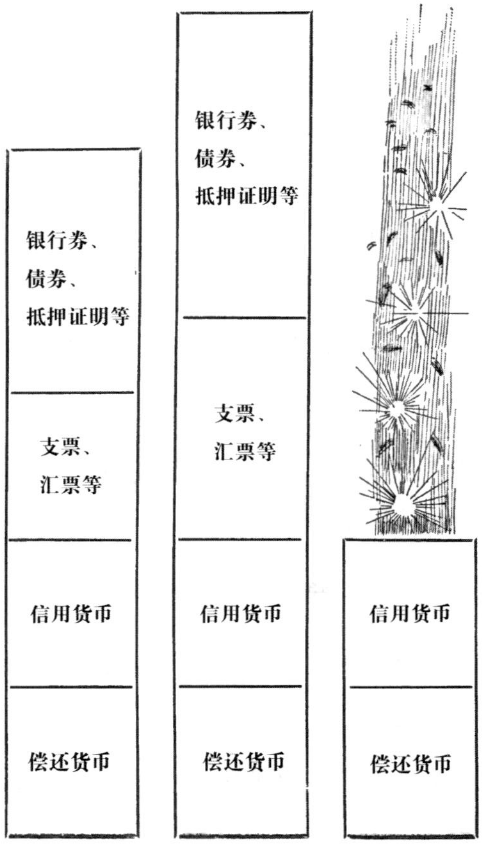

图一　图二　图三

“在我所说的例子中，引发社会恐慌的原因完全在于偿还货币以上第二栏和第三栏的信用凭证，而偿还货币和信用货币并没有错。这种恐慌不会持续太久。

“现在请看标着‘图四’的柱形图，其中偿还货币以上第一栏、第二栏和第三栏的各种信用凭证的数量比例都超过了偿还货币。

“‘图五’显示的是这种情况产生的后果。

“由此产生的社会恐慌的持续时间和破坏性都比第一种社会恐慌严重。这种恐慌还会导致人们不再信任国家的货币，那些不区分偿还货币和信用货币的人会对国家的整个金融体系产生偏见。白银被取消货币地位之后，代表偿还货币的那一栏的比例减少了一半多——方便起见，我们管一半多叫一半，减少的那一半加在了其上第一栏，成为信用货币。不久之前，白银没被取消货币地位的时候，人们生活富足，大量扩充偿还货币以上第二栏和第三栏的信用凭证。那时候的情况如图六所示。

图四

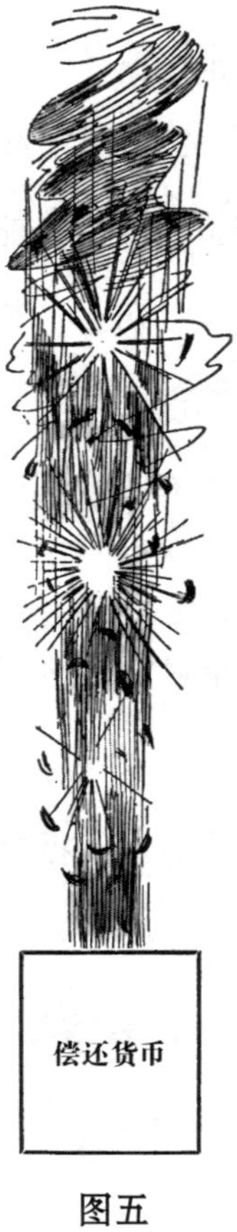

图五

图六

“尽管之前国家就有意向宣布，在战后恢复商品货币体系以及以此为基础发行的信用货币，但是真正生效时间为1879年1月1日。

“一段时间内，很多人都不知道白银的货币地位被取消了，自那以后很多年，白银的真实地位一直都存在争议。

“后来人们逐渐明白，白银其实非驴非马。

“最终，在自由银币运动支持者的推动下，政府被迫宣称所有的纸币都可凭持有者意愿兑换成白银或黄金。这意味着人们会选择两种货币中更受优待、更为宝贵的一种，也就是金币。政府储存了大部分的白银，以白银为基础发行纸币，并宣布这种纸币可兑换黄金。

“此举将我们的偿还货币一分为二，让我们金融体系的基础也少了一半。

“这就确定了白银的代币地位，如果不能直接用白银兑换黄金，可以先用白银兑换代表白银的货币，再兑换黄金。其实政府只是想晚一点宣布白银可直接兑换黄金——这是代币的真正地位。

“同时，这些年来，相比黄金而言，其他商品的价值都在逐渐下降，而且这种下降趋势非常稳定。

“这种情况导致人们纷纷举借新债务来偿还旧债务，新债务的数量迅速增加。

“那些在生意上一无所获的人，通过抵押财产获得贷款进行新的投资，从而维持生计，还清旧债。

“商品价格持续下降，人们也继续贷款，直到1893年春，当时柱形图中偿还货币以上第三栏的信用凭证比例增长迅速。最终，债务总额惊人地达到了400亿美元。

“仅铁路公司的债务就达到了50亿美元。每个城镇都感受到了债务压力。农场被拿去做抵押，城市的财产也几乎都被拿去做抵押了。

“图七反映的就是1890年霸菱银行倒闭之前我们的货币体系状况。

“图八显示的是1890年开始发生的社会恐慌，这是不祥的金融状况酝酿颇久的产物。一场世界金融风暴正侵袭美国，其严酷和持久程度在世界历史上前所未有。因为这场风暴涉及的不只是信用凭证，就连偿还货币也在承受了巨大压力的情况下被卷入其中。

图七

图八

“到1893年，情况变得更为糟糕，图九将会对此做出说明。（掌声）

图九

“现在，产品价格和劳动力就业率是这场金融风暴的最佳晴雨表；产品价格仍在下降，而劳动者的就业率还不到一半。据此判断，这场风暴更为恶劣了。（掌声）

图十

“现在首先需要做的是增加国家的偿还货币。通过让白银回归到偿还货币一栏，我们能将目前的6亿美元偿还货币增加到12亿美元，可以保证12亿美元的信用货币。

“这将让我们拥有一个健全的财政体系，并在此之上为我们提供24亿美元的货币，人均约34美元。而事实上我们现在拥有的是一个不健全、不充足的财政体系，人均不到20美元。”

科因说完最后一句话后，把右手放在了桌子上的银铃上，清脆的铃声随即响遍教室，下课了。房间里共约有2500人，绝大多数人都给予了热烈的掌声。

美国30年的金融历史（1870—1990年）

Coin's Financial School

第四章

纸币体系与关税

第四课

各早报整体上对科因第三课的课程内容是赞许的，报道的课程内容也是完整正确的，《时代报》和《洋际报》还转载了科因课上使用的插图。

就这样，成千上万的读者看到了科因的讲课记录，他们因此对科因的课程产生了兴趣。早在10点钟，大厅就挤满了人，连个站的地方都没有了。

《洋际报》在一篇社论中评论了科因与芝加哥国民银行行长沃尔什先生之间的言语争锋，称科因在回应沃尔什先生的主张（政府不能通过立法增加商品的商业价值）时，战胜了对方。

《时代报》声称科因的说法是无可辩驳的，并且说相关方在白银问题上故意引起骚动、混淆视听，但若要和科因进行正面交锋，他们又做不好陈述，也没办法回应复本位制主义者的观点。

大厅里现在除了前几天来听课的人和来得够早的人之外，还有一些新面孔。

人们反对科因不收入场费，要求科因只让买票的进场，这样座位就能空出来一些了，一个座位收两美元。科因同意了，并且决定把由此得来的收益捐给芝加哥的救济院。因为这个决定是科因当天上课才做出的，所以次日才能生效。

科因是从一个便门进来的，10点整，他走上讲台。

提问日

一开场就有人问科因问题，所以今天很快就发展成了一个“提问日”。

芝加哥大学政治经济学院的院长劳克林教授是一名公开支持单本位制的人，他的问题引起了全场关注：

“你刚开始上课的时候说过，在金银两种金属都享有自由铸币的权利时，它们之间的商业价值差异就没有超过2%，后来产生的差异是由法国金银货币价值比率失调和交换成本造成的，对吗？”

“没错。”科因回应。

劳克林教授说：“那么，在1857年以前，银币的售价有好几次比金币高8%，这难道不是事实吗？”

科因回道：“也没错。”

“那你之前为什么要那么说呢？自由铸币不也不是时时都能控制金银之间产生的较大价值差异吗？”

科因年轻英俊的脸上露出笑容，回道：“教授，我可不认为您在认真地向我提问。我们说的是金块和银块，不是金币和银币。社会上对于小额货币的需求时常出现。1893年，也就是去年，纽约就有这么一个例子。当时1美元银币溢价了3%，这并不是因为1美元银币的价格高出1美元了，而是因为工厂需要用小额货币来给工人发工资。他们为1美元和2美元纸币也支付了同样的溢价。

“缺少小额货币，给我们的生活和商品买卖带来极大不便，我们须付溢价才能获得我们所需的商品。你说的那段时间，几乎所有的小额货币都是用白银制成的，而因为法国白银溢价，我们的白银外流，小额货币稀缺，所以常常出现溢价，但这不是银块的价格上涨造成的，而是社会对于小额货币的需求增大造成的。1美元金币的溢价和1美元银币、50美分硬币的溢价是一样的。

“要是您对我的回答不满意，我可以给你看你说的那个时间金块和银块的交易报价。”

劳克林教授早就坐下了，但是他现在站起来说他对科因的回答很满意。

科因说：“我很高兴有人能问这些问题，这些问题经常存在，要是没人回答的话，就会把人搞糊涂。”

拉丁货币联盟

芝加哥—伯灵顿—昆西铁路的客运总代理P.S.尤斯提斯想要知道，科因所说的1873年曾规定金银比是15½：1的拉丁货币联盟由哪些国家组成。

科因回答："法国、比利时、意大利、瑞士和希腊。"

尤斯提斯先生道："那么拉丁货币联盟、德国和美国都是通过自由铸币来保持白银和黄金商业价值平价的？"

"是的。"科因回应道。

尤斯提斯先生又道："美国是其中第一个打击白银并取消白银货币地位的吗？"

科因回答："不错。"

尤斯提斯先生坐了下来，听到他旁边有人嘀咕道："是老约翰·谢尔曼。"

邮电业负责人的提问

芝加哥邮电业的负责人 J. A. 蒙哥马利先生起身问道：“如果金银都不充当货币，那它们的价值如何呢？”

科因答道：“那得看充当货币的是什么，以及其数量。主要货币是一切商品价值的衡量尺度，其他商品的价值大小都要根据主要货币的数量多少而变化。这就是为什么现在黄金被称作法定度量衡标准或价值尺度。

“若是想知道金银如果不充当货币，它们的价值是多少，最公正的办法就是假定没有任何货币。

“没有货币，价值尺度就不存在，只有交换价值存在。在这种情况下，如果艺术和科学得到发展，出于对金银的需求，人们会用别的商品换取金银，因为金银在科学和艺术领域用途众多，而且它们还可被用于家庭和装饰，所以，可以合理地假设，金银的交换价值相当于其他任何有需求的稀缺商品的价值。

“人们认为金银是贵重金属，说明它们既不存在于稳定矿脉中，也不存在于规则矿脉中，而且难以开采，开采成本很高。所以不难想象，要是把它们提炼成纯金属，人人都希望持有它们。

“把铜及其他除金银之外密度与它们类似的金属作为装饰品，会使皮肤染色。

“想到我们国家的土著印第安人为了交换一些小玩意和装饰品不惜放弃大量宝贵财产，就连他们的大片土地也是这样被买走的，我们不难相信一个文明人也会为了把50美分硬币中所含的白银做成戒指而放弃1蒲式耳小麦。

威廉·佩恩购买宾夕法尼亚州

“杯子、水罐、汤匙、餐刀和其他由金银制成或镀金镀银的餐具，不会弄脏液体或食物。制造业、化学以及其他艺术和科学的分支现在都离不开金银了，世界上超过一半的金银总产量都被应用于这些领域。

“有人说金银没有固有价值，这种说法可不对。固有价值是韦伯斯特在他的词典中唯一用来解释‘固有的’一词意思的短语。

“但是从交换价值的角度看，不管是文明人还是未开化的人都会进行物物交换，所以交换价值是所有商品的主要价值。

“铁不能用作食物，但是铁的其他效用赋予其交换价值。铁有许多机械方面的用途，银亦如此，但是银还有许多铁不具备的别的用途。

“因此，如果金银不能用作货币，用美元或者美分表示的话，其价值首先取决于新的货币单位或者美元单位是多少，然后取决于铸造这种新的货币的原材料是否充足。不过一旦如此，我认为金银相对其他商品的价值与它们作为世界货币时的价值应该相差无几。”

生产白银的成本

小M.L.斯卡德先生问道："白银可以按每盎司50美分的价格开采，这不是事实吗？生产成本不会调节其价值吗？"

科因做了如下回答：

"白银的开采价格是1盎司50美分，这并不是事实。在某些矿场，确实有一段时间，白银的开采价格是1盎司50美分，或者更少，就像黄金有段时间在澳大利亚和加利福尼亚的开采价格是其价值的百分之十一样。

"你不能单单通过一个矿就判断贵重金属的开采成本，也不能通过开采铁、煤或其他存在于稳定矿脉中的矿物来判断。只有地质构造和开采经验共同表明后者在数量和质量上是可靠的，工程立项、稳健管理和商业经营才会有条不紊地进行。

"但是白银和黄金并不总是如此，它们的数量和质量是最难判断的。花大量成本搭建建筑物以及采用价格高昂的机器，就是为了节约开采金银的成本，但是往往等到建筑物搭建好了，机器也开始运转了，却发现没有可供开采的矿藏。

"白银和黄金存在于一些不稳定或者破碎的薄矿脉中。有时候'生产层'也就1英尺，再缩短一些，就只有1英寸了。我们都知道，一次爆炸就能炸毁一座矿山，那些在爆炸发生之前曾以为自己会成为百万富翁的人的希望也会就此破灭。

“我们知道，一个银矿若是在200英尺[1]深的地方每吨可以淘出100盎司的白银，那么到400英尺深的地方每吨就只能淘出10盎司白银。位于科罗拉多红色山脉之上的洋基女孩矿，在300英尺深的地方开采出的是高质量的矿物，而在800英尺深的地方开采出的矿物质量太低，都支付不了开采费用。康斯托克矿脉在1,600英尺深的地方，其矿物质量由高变低。反过来的情况也经常发生。那些近地表中产出低质量矿物的矿脉，在比较深的地方往往能产出高质量的矿物。

“据那些切实关注采矿动态并且具备判断力的人估计，现存的白银开采价格不低于每盎司2美元，有些人甚至还把开采价格定得更高。

“开采黄金和白银具有投机性和赌博性，尽管开采成本很高，但是少数人通过开采黄金和白银‘一夜暴富’的现象，还是会吸引很多人去开采。就像人们在交易所里从事投机交易一样，尽管有10个人会赔，但只要有1个人会赚，人们还是会不断涌向交易所去做投机。要是斯卡德先生说的是真的，那你们都会去开采白银了。

“不过，现在你们的到来给了我解决这个问题的机会。这么多芝加哥富人在这里，我确信你们当中许多人有开采白银的经验。现在，你们当中，”科因露出微笑，“在开采白银过程中蒙受了损失的，请起立，待会儿我也会叫那些在开采白银过程中赚了钱的人站起来。”

① 英尺：英制中的长度单位。1英尺=12英寸=0.3048米。

掌声清楚地表明科因证实了他的观点，人们脸上转瞬即逝的微笑也昭示着科因的话切中了问题的要害。

在座的很多是芝加哥声名显赫的人，他们都投资了银矿开采工程并做了充分的测试，以确保自己既能够承受可能发生的风险，又能够承担每盎司矿银的开采价格。

一名绿钞党人

听课的人中，来自犹他州奥格登市的E. R. 里奇利说他想问一个问题。

科因请他继续说。

里奇利先生说："我想知道维持一个纯粹的绿钞体系是否可行。"

科因说："是的，然而唯一可以维持纯粹绿钞体系或纸币体系的理论是完全取消偿还货币。如果不采用赎回原则，你就不能两者兼得。所以本身存在价值的货币更具有交换价值，而且它必须能作为别的货币的偿还货币。

"要是一种货币有商业价值，而另一种货币没有，你就不能让它们保持平价，除非让一种货币可兑换另一种货币。

"但是在纯粹绿钞体系下，你可能只有一种纸质货币，这样就不需要设立偿还货币，把纸质货币设为法定货币，并用它偿还所有公私债务。

"而且还要通过确定人均数量限制纸质货币的发行数量，随着人口的增加保持这个人均数量，并时不时地替换损坏的货币。纸币有限的发行数量加上它的用途，会赋予其商业交换价值，让它成为衡量商品价值的尺度，成为有用的交换媒介。

"黄金和白银就会被当作普通商品来对待，人们会按其市场价格购买黄金和白银，并将它们出口到别的国家——把金银当作货币的国家，或者出口到将金银用在艺术和科学领域的国家。”

里奇利先生说：“那么这种制度有什么可反对的呢？”

科因回道：“人们反对的是，只要对政府有信心，绿钞就是一种稳健的货币，但是一旦人们对政府的信心动摇，那它就会贬值。危险迫在眉睫之时，政府难以执行绿钞的法定货币职能，一旦没有商业价值，绿钞多多少少会贬值。

“和用贵重金属铸成的货币不同，用于制造绿钞的纸或别的什么东西是没有交换价值的。当人们因为对政府缺乏信心而深感不安时，绿钞的价值就会波动。要是政府垮台，绿钞就变得一文不值了。

“有商业价值的货币是与世界其他国家进行货币交换的媒介，能够促进我们的贸易发展。”

里奇利先生仍站着，说道：“但是无论如何，当战争或者大的混乱发生时，偿还货币会消失，纸币就会取代它的位置，这难道不是事实吗？诚然，到那时候，人们会因为纸币的价值随着人们对政府信心的变化发生波动而窘迫不安，如果政府垮台的话，人们还会携带着一堆不值钱的纸币。而使用金币和银币作为货币就能防止这种情况发生吗？”

科因回道：“使用偿还货币不能防止你说的那种情况的发生。在那种情况下，纸币在各种货币中总是占有一席之地的。然而人们并不会受到什么损害，他们把商品货币存起来，以供随时取用，要是别的货币变得一文不值，那商品货币就会格外有用。

“因为战争的原因国家停止使用偿还货币之后，每个人面临的情况都是一样的。随着纸币的价值天天在波动，人人都在冒同样的风险。所以如果纸币变得一文不值，所有人都会或多或少地蒙受相应的损失，到那时，主要货币就会立即取代纸币。

“无论新政府是否立即建立在旧政府的残权之上，偿还货币都是真实的。建立政府也可能会有一段过渡期，就像18世纪末的法国，几乎每年都有新政权推翻旧政权，没人知道接下来会发生什么，那个时候的政府本身就不稳定。这种状况可能会持续好多年，所以在那个时期是不可能让纸币流通的。但是用商品制成的货币是有商业价值的，可以流通，也可以实质性地帮助国家恢复文明与秩序。而且事实上，在那个时期，不使用商品货币是很难恢复社会文明的。

“如今我们正接近这种时期，只有明智的政治家介入，才能阻止这种时期的到来。商品货币，即用黄金或白银铸成的货币，将成为唯一的货币，可在政府站稳脚跟发行纸币之前满足交换商品的目的。

“所有人都了解，同时也能感受到货币的重要性。要是国家出现动乱，可能得经过很多年，才会有另一个足够强大的政府建立，让人们对发行的纸币产生信心。

“同时，我们唯一可依靠的货币就是金币或银币，而银币还将和从前一样，始终是人民最好的朋友。”

基于劳动的货币

同样在讲台上占有一席之地的劳动骑士团总干事J.R.索夫林，向科因问了一个问题：

“你给我们讲了基于商品的货币的理论和科学，我想知道发行一种基于劳动的信用货币是否可行。”

科因回道：“这是可行的，并且在它可投入使用的范围内，它将与其他形式的基于商品的货币保持平价。

“假设政府拥有并可控制所有铁路，那政府就可以发行可兑换服务的纸币，这样对运费支付和票务方面的支付皆有好处。

“如果按照目前的情况，国家的客运费用和货运费用1年达到1,100,000,000美元，那么同等数额的可兑换的纸币就可以安全流通。这些纸币的供给应受到限制，以便在合理时间有人要求兑换时，能对政府的兑换能力保持信心。

“这将是可用劳动兑换的信用货币，它可以成为法定货币。除了‘偿还’这一性质外，它在其他各方面都不同于可用黄金和白银兑换的信用货币。

“自然地，它会和美国其他形式的信用货币一起流通，而且在支付货运费用和购买交通工具时，这种形式的货币通常不会受到歧视。

“如果因为战争和社会分崩离析导致人们对政府的信心动摇了——一旦这种危险出现，那么这种形式的货币就会有别于其他货币，人们可以将它兑换掉，这样没人会蒙受损失。

“它可以和基于商品的信用货币一样稳健。

“可通过政府给雇员发放工资的形式使这种货币流通起来。

“比如邮票就是以服务兑换原则为基础发行的，不适合以货币形式发行，但通常用于小额信件汇款。

“现在可以发行一种类似纸币的信用货币，可以兑换成邮票。”

“发行多少？”索夫林先生问道。在科因回答他先前的问题的时候，他的脸上就已浮现出了笑容。

“去年政府邮政业务总额约为75,000,000美元，这笔钱会和其他形式的货币等价流通，至于具体多少，我没法保证。就像可以兑换成铁路客票或货运收据一样，这笔钱也可以兑换成邮票。

“这是基于劳动的货币。”

产银州没有特别优势

这时候，县管理委员会主席斯特鲁克曼打断了科因的话，他向科因提问道：

“赋予银条持有者财产升值的特权，这样公平吗？实际上恢复白银的货币地位不是相当于送了几百万美元的大礼给那些持有银条的人吗？这样公平吗？或者说这样对吗？”

科因回道：

“首先，无论选择什么货币作为主要货币，都应将其与其他商品区别开来，不能任其在市场上升值贬值，不然它就不是稳定的货币了。

斯特鲁克曼主席提问

“自由铸币制下，以固定价值构成了1美元（1美元的价值等于371¼格令白银或24¾格令黄金）的货币应退出市场，这是必要的处理金属货币的方式。现在黄金就是被这样处理的，白银也应被这样处理。

“但是你的说法不对。从恢复白银货币地位中获益的银条持有者并不比普通人多。用新的标准币衡量，1盎司白银现在价值60美分，而在之前可以自由铸币的时候，1盎司白银价值1.29美元。不过银条持有者用1盎司白银可以买到的东西和以前差不多。

“1873年，1盎司白银可以购买1蒲式耳小麦，而现在1盎司白银仍可以购买1蒲式耳小麦；1873年，2盎司白银可以支付一个人一天的劳动费用，现在2盎司白银还是可以支付一个人一天的劳动费用；3盎司白银在1873年可以买一桶钉子，现在两盎司白银能买一桶钉子；1873年，1盎司白银能买16码印花棉布，现在依然如此。

“这是因为现在未被铸成硬币的白银和其他商品的交换价值和以前大致相同。因为淘银者和其他商品生产者蒙受损失的地方是一样的，包括贸易停滞、价格下降、商业瘫痪以及财产被没收以偿还税收和债务，不过税收和债务却没有因为其他商品价值缩水而缩水。”

科因的回答十分令人满意，这不是体现在掌声中，因为现在没有掌声，而是体现在室内的静谧和人们屏气凝神的关注中。还有一个事实能进一步证明科因的回答令人满意，那就是：台下坐着的很多人都在虎视眈眈，准备随时驳倒科因，所以科因的回答须叫人绝对信服，否则就会有对手随时反驳，以戳中科因话题的要害，但是现在没人这样做。科因就像一个木船舰队的小指挥员，他命中了对手，平息了所有反驳。

政治经济学教授

劳克林教授仍在为没能驳倒科因这个复本位主义者而感到恼火。作为一位政治经济学教授，他拥有的财富和银行家的财富一样多，头脑也聪明，但他的观点只是理论上的，现在他的观点遭到了务实的经济学家的驳斥。他紧张得坐立难安，但是一句话也没说。

世界各地的资本家一直在利用政治经济学教授们，让他们教导学生们相信金本位制。这不难，因为学生们是年轻人，他们的思想很容易被塑造。所以这种错误思想在学生们的头脑中就根深蒂固了。

任何观点都可以通过理论推理来证明，理论的实际应用就是其力量的证明。金本位制，现在正被应用于一个颤抖的世界，压榨着人民。人民是国家的脊梁，国家的命运依赖于他们坚强臂膀的支撑，但是人民现在把他们的财产全交给了债权人，正逐渐陷入赤贫。这就是所谓的“单本位制能够造福于国家和人民”的证明。

政治经济学教授劳克林跟学生们在一起时十分怡然，但是面对邀请他提问的对手，他却感觉困惑而无能为力了，因为他知道，提问也是没有用的。

科因继续说道：“通过恢复白银的货币地位，产银州的人们获得的益处与伊利诺伊州乃至全美国的人们都是相同的。

“通过增加国家的货币单位的数量，所有人的财产价值都得到提高，商人得以偿还债务，商业重新恢复，国家的所有工业都得到复兴。要是白银和其他所有财产都处在金本位制的控制之下，那国家的经济就一定还处于瘫痪状态。”

斯特鲁克曼先生打断了科因的话，他告诉科因，自己很满意他的回答，科因的回答虽简单，但他之前从未想到过。斯特鲁克曼还说，他觉得芝加哥人民都被报纸给欺骗了，他不知道这些报纸有什么不可告人的目的，又是服务于谁的利益，总之这些报纸歪曲了有关白银的问题。做出这番公开坦白之后，他感觉好多了，而且他认为若是其他主张实行金本位制的人也这样做，他们也会有他这样的感觉的。

改善的设备

美国国家交易银行的行长柯克先生站了起来，于是科因暂停讲话，听他提问。

柯克先生说："改善之后的生产设备不是导致了商品价格普遍下降吗？这难道不是1873年以来商品价格逐渐下降的主要原因吗？"

科因回答：

"任一商品的生产设备都不是一直改进的，所以你说的那点无法解释商品价格下降。

"在过去两年里，除了黄金，几乎所有其他商品的价格都大幅下降，平均下降了25%，而在这段时间内，几乎没有任何改进后的设备投入使用。白银的货币地位被剥夺，金融体系崩溃，所以就连发明家的双手也无能为力，而商品价格仍在下降。

"一般说来，改进后的生产设备确实能造成商品价格下降，但这也只是其中一个原因，并不是倾翻国家工业的主要原因。

"当需求大于供给，即便那些生产设备得到改进，商品价格也会提高。

"开采黄金的设备不断得到改进，然而从购买力角度讲，黄金的价格一直在上升。

“以羊毛为例，不管是加工长羊毛还是加工短羊毛的加工设备，在过去二十年里都没有得到改进，然而羊毛现在的价格只有几年前的三分之一了。羊毛和其他许多同类商品的价格按美元、美分计算，都在稳步下降。

“听众席中一位来自俄勒冈州的男士告诉我，最近他所在州的拍卖会上，马的售价是每匹75美分。而且最近成批出售的马在当地的私下售价仅为每磅1美分，即使这样，也没有人愿意买。这不能说是因为养马的设备得到改进了吧？”

关税的问题

《洋际报》最新的老板H.H.科尔萨特先生表示他有话想说。在得到科因的关注后，他开始提出有关关税的问题。科尔萨特先生声称，在他看来，减少或取消关税对困难时期国家经济的威胁是最大的。在听了几次科因的讲座之后，他更加意识到剥夺白银货币地位的危害，不过他仍认为关税也同样是个重要的问题。

科因承认，当关税发生改变的时候，大企业的利益或多或少会受到干扰。对于制造商来说，与其说这是关税多少的问题，不如说这是关税到底是什么的问题。只要在这一点上存在疑虑，那关税就是个令人不安的因素。

科因说："但是，我们要弄清楚的是造成现在我们国家工业低迷的根本原因或主要原因是什么，而关税，无论人们赞成与否，它都无法被用来解释为什么当前工业低迷。自从白银被剥夺货币地位，我国的商品价格就一直持续稳步下降，而在那段时期，我们确实有过不同的关税法案，而且近几年，我们确定的关税非常高，然而也没有阻挡商品价格下跌的趋势。

"最为明显的是，关税不是我们要关注的问题。现在商业萧条的状况也存在于欧洲国家、澳大利亚以及所有把黄金作为本位币和价值尺度的国家。

"只看我们自己的问题，并将其归因为当地的原因，这和那些把当前的经济萧条归咎于万国博览会的眼光短浅的芝加哥人有什么区别？

“《旧金山纪事报》之前刊登了一篇报道，第二天，《芝加哥邮报》转载了这篇报道。此篇报道将有力说明我对此问题的回答。”

然后科因念道：

“《旧金山纪事报》称，澳大利亚的‘瓦里莫’号轮船的报告显示，伤亡、犯罪和极度痛苦的人数在惊人地增加。警察无法应付蜂拥在大城市孤注一掷的入室抢劫者。少数被逮捕的人以饥荒迫使他们犯罪为借口。在悉尼，有几个被盗贼袭击的警察快要死了。乔治·吉布斯爵士提拔了活下来的警察，并给他们发放了奖金。

1893年发生的金融恐慌，所有金本位制国家的银行都受到影响

“上周的某日，在悉尼，除了发生几十起小型抢劫案之外，市医院被其护士抢走了所有贵重物品，制造商Mercredie & Drew被雇员抢走了5万美金，商人考克森也被雇员抢走了一大笔钱，3名年轻女子成功兑现了若干张假支票，邮局职员查尔斯·格雷厄姆从邮局盗用了200美元。

“政府声称失业问题太复杂，无法解决。悉尼每周会发放500美元，用以帮助500个家庭。在南澳大利亚州，500人要求州长召开议会特别会议，商讨援助他们的办法，但是州长拒绝了。然后他们又拜访了金斯顿总理，但是总理拒绝承诺任何事。总理告诉他们，尽管他们缺少粮食，但他们拒绝了政府向他们提出的‘每周打碎1码半的石头以换取口粮’的要求，所以他也无能为力了。这个500人代表团表示他们绝不会单单为了食物去打碎石头。

“成千上万人在露天睡觉，还有一些人已经饿死了。在布尔克，阿富汗人和欧洲人因为劳动分工产生了争执，发生了一场激烈争吵。一周内发生了98起直接由这段艰难时期造成的自杀事件，其中最惨痛的有：F.W.威尔逊，布里斯班的饼干生产商，开枪自杀；威廉·奥康纳，位于墨尔本的欧洲酒店的房客，从四楼跳了下来；凯特·布鲁克斯，一个漂亮的英国女孩，忍饥挨饿后，喝得酩酊大醉，服毒自尽；约瑟夫·班克罗夫特，一名矿工，和家人告别后点燃了嘴里的弹药筒。”

科因读完《旧金山纪事报》的摘录后，乔尔·比奇洛先生请他再读一篇发表在伦敦的一份报纸上的标题为“殖民地和印度”的文章中的一段摘录，当时比奇洛先生手里正拿着这份报纸。科因同意了，比奇洛拿着报纸走了过来，科因从比奇洛手中接过报纸，读道：

“我们的一个同辈人问道：‘现有最恒定不变的标准是什么？’事实上，这个问题只有一个合理答案，那就是白银。在‘指数’体系被发明出来并被应用于国家商业部门分支机构后的25年里，通过统计观察和几百次官方测试发现，1吨重的白银，其价格水平无论是用英镑、先令、便士表示，用美元和美分、法郎、马克或者卢比和派士表示，还是用价格指数表示，在同一市场上始终是等价的。这一发现是有官方记载的。英国贸易委员会发布的表格证明了这一点，这些表格或者他们内部的统计数据会被定期刊登在主流商业杂志上。大陆科学家也会定期发表有关这些‘指数’的独立报告。上述事实每个人都能进行核证，要是这还不能证明白银真实的、世界范围内的价值标准，那这些事实也没什么意义了。而黄金恰恰相反，同样标准的测试表明，黄金绝不是价值‘标准’，因为它就像气压计中的水银一样，会随着商业环境的变化而变动。实事求是地说，它的上下变动幅度高达20%，它从一个点往下降，然后又回到那个点，再从同一点往上升20%，这些变动就发生在短短的四五十年中！从某种意义上说，英国政府以商业理性著称，以繁荣国家城市为宣言，但其究竟缺乏多少常识，才如此继续反对恢复明智旁观者眼中古老的、被证实的以及唯一可靠的价值标准？”

霍普金斯市长提问

霍普金斯市长想知道：如果那些采用金本位制的国家对那些采用银本位制或复本位制国家有影响的话，会有什么影响？如果对它们的繁荣有影响的话，又会有什么影响？

科因回答：

“如果采用复本位制或银本位制的国家或其人民大量负债，而且债务须用黄金偿还，那影响是很严重的。以南美国家为例来说明这一点，在过去的30年里，欠英国的债务越来越多，而且在过去的25年中，这些债务是用黄金来偿还的。

“每年，随着黄金价格的上涨，他们需要用越来越多的商品或者白银来偿还英国的黄金债券。一开始他们用1.25美元的白银来支付1美元的黄金债券债务，后来就用1.5美元的白银支付1美元的黄金债券债务，再后来甚至要用1.75美元的白银支付1美元的黄金债券债务。随着黄金购买力的增加，到现在，他们要用2美元的白银才能支付1美元的黄金债券债务。

“因此，当黄金和白银之间保持平价关系时，他们借的10万美元债券，以黄金支付，现在要偿还20万美元的本金。也就是说，要筹集10万美元的黄金，他们要卖掉20万美元的白银。从伦敦财务报告中可以看到，1枚鹰币的价格是50美分或49美分（视情况而定），这意味着大约两枚鹰币可以换一枚1美元金币。

“英国大量持有这些国家的国债以及私人债务，所以黄金价格提高会严重影响这些国家的发展与繁荣。而我们现在在打击银价、提高金价方面，是英国的‘帮凶’。

“我们每年要向英国支付2亿美元的黄金，用来偿还国家以及私人债券的利息。为了支付这笔利息，我们要用市场所需的4亿美元的商品来换取2亿美元的黄金。

“不过我们的银价和金价保持平价，是因为我们实行了金本位制，即用黄金偿还白银，否则我们的债务状况就和南方的邻国差不多了。但不同之处在于，他们只用黄金清偿外债，而我们的国内债务和外债都是以黄金为基础偿还的，在每一种情况下，我们都用大约两份财产来偿还一份债务。”

说完这些，科因宣布下课。

这时候，坐在大厅中心的芝加哥贸易委员会的秘书斯通先生站了起来，向科因致意，并说：

“贸易委员会的成员想要参加明天的讲座，但是明天委员会的例会要开到下午1点，如果明天您能在下午2点而不是上午10点开始讲课，那我们就可以出席了。那样的话，我会受托买300张门票。我们对明天的讲座内容非常感兴趣，因为我得到可靠消息，说您明天会在讲座中讨论小麦的价格。”

科因答应了斯通先生的请求，明天，也就是周五的讲座会在下午2点开始。

因为新实行了收取座位费的制度，科因让H.M.米利肯先生——一个复本位主义者——管理大厅并收取座位费用。斯通先生立即选了300个座位并付了钱。

英国吸走了美国的财产

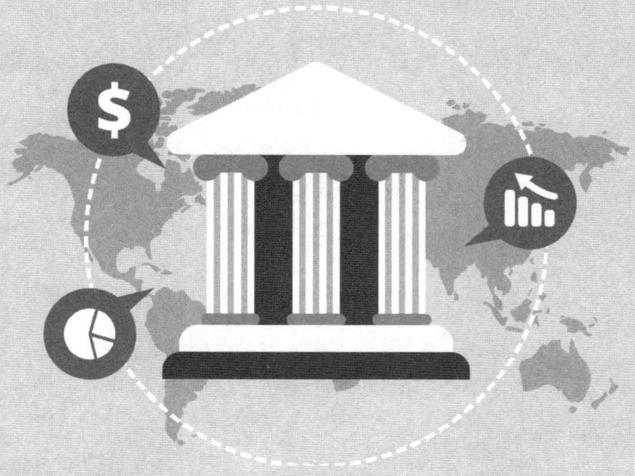

第五章

单本位、复本位与购买力

第五课

这一天是属于多头和空头投机者的。

座位票前一天晚上已经打印出来了，售票处今天也开门了。

在米利肯先生有条不紊的管理之下，尽管室内人潮汹涌，但是一切都井然有序。座位票都售光了，站票很快也以正常价格卖出，直到大厅里挤满了人。到下午两点钟科因出现的时候，大厅里已经有3,000名听众。

《时代早报》嘲笑劳克林教授试图通过提出一个不公平的问题给科因下套，并把劳克林教授这件事作为一个例子进行宣传，认为这是单本位主义者在他们的虚假陈述中惯常采用的手段。

对于基于劳动可用服务兑换的信用货币，各报纸发表了长长的社论对其进行评论。

《洋际报》的社论是这样说的："这种货币的发行，将会使人们在与美国众多邮局进行的交易中使用的货币数量减少。现在开展这项业务需要一笔不小的数目。如果使用这种货币的话，政府可以提前收回可供一年使用的货币。"

《纪事报》的社论这样评价：

"基于劳动的货币虽是个新概念，但这种货币的发行计划非常具有可行性，政府也十分明智，我们对此绝无异议。要想扩大这种货币的适用范围，须把铁路的所有权归还给政府。政府对电报线路的所有权也会使此类货币的发行数量增加。这种货币可用服务形式的价值进行兑换，必会是稳健的货币。

“如果取消所有雇员的投票权，那么铁路和电报线路归政府所有这件事就不会遭到强烈反对。如果雇员没有投票权，也就不会有恺撒主义泛滥的危险。如果国家足够繁荣，各行各业皆有利可图，那么那些想要担任政府职务的人就会大大减少。”

在白银的生产成本方面，科因对斯卡德先生的回应得到了除《芝加哥论坛报》之外所有报纸的支持。不过由于《芝加哥论坛报》早已不知羞耻地在所得税、受贿、不公正的财产评估及其他损害多数人利益从而让少数人获利的罪恶行为方面，沦为了上层社会的捍卫者，所以它的意见不怎么重要。

出于个人利益，单本位主义者对科因这个复本位主义者取得的进展感到愤怒和失望。科因一直在挑战他们陈述的矛盾之处，所以其课程的影响力是演讲、书籍和文章都无法比拟的。听众中既有学金融的学生，又有作家和银行家，科因的陈述就成了公认的事实，而在那些单本位主义者看来，这会损害他们的事业。

今天早晨，讲台上竖起了两根柱子，每根柱子上都放着一捆小麦，这得益于米利肯先生的好点子，这件事是他安排的。

讲台上摆了三个球，其中一个很大，另外两个很小。

科因先是称赞了芝加哥贸易委员会，夸它是世界上最有特色的贸易机构，然后开始了他的第五次讲座：

“世界上所有财产的总价值约为4,500亿美元。

“世界上可用的金币和银币加起来有75亿美元，可用的金币有37.5亿美元。

“它们的价值分别用这三个球来表示。”

说这话的时候，科因正指着三个球，然后他把其中两个小球放在手里，以便人们都能看到。

他继续说道：

“最大的这个球代表世界上所有动产和不动产加起来的价值。另外两个小球中，比较大的这个球代表世界上可作为货币使用的金银的面值，最小的那个球代表世界上可用作货币的黄金的数额。这些球之间的比例关系和我刚才说的那些数字的比例关系相同。

“最大的那个球的尺寸是代表白银和黄金的球的尺寸的60倍，是仅代表黄金的那个球的尺寸的120倍。在估计世界财富的时候，有些财产是在银本位制下衡量的，有些是在金本位制下衡量的，而有些是在从复本位制向金本位制过渡的时期中衡量的。这些结论都是基于1890年的数据得出的。”

货币的数量理论

科因继续说道：

“世界上财产的价值用货币表示的话，取决于货币的铸造材料和货币的数量。

“所有的政治经济学家都承认货币的数量理论，这是常识。

“要使这一理论保持正确，就得始终将它应用于偿还货币领域。

“增加粮仓里小麦的储存数量并不会提高小麦的价值。而基于偿还货币发行的信用货币并不会提高财产的价值，它只是促进了以其为基础的商业的发展，扩大了商业范围，而不会提高财产的价值。

“用主要货币衡量的世界上财产的交换价值确定了货币和财产之间的比较价值，反之亦然。

“所以，如果货币的数量大，那么世界上财产的总价值（用美元或货币单位表示）也会相应增大。要是货币数量小，那么世界上财产的总价值也会相应减小。

“财产通过货币来衡量其价值，货币也通过财产来衡量其价值。货币的价值可能会因其稀缺性而有所提高，发生这种情况时，用同样的货币可以购买更多商品，而同样的商品只能换取更少的货币。

“这种供求法则同样适用于其他任何特定种类的商品的交易活动。你们是最熟悉这种贸易法则的。

“假定全球正常的小麦供应量是某一特定数量，那么如果小麦产量只达到这一数量的一半，会出现什么结果呢？每蒲式耳小麦的价格是小麦正常产量时的两倍。这时候1蒲式耳小麦能换取的货币量是小麦正常产量时的两倍。

“这个法则也适用于货币。如果货币的数量正常，它以财产衡量其价值，其价值只受影响财产供求关系因素的影响。如果在健全的财政基础之上维持正常的货币数量，那么财产和债务的价值将要根据资本收缩和债务支付时间进行合理调整，价值的波动也取决于财产的交易地点和供求关系，而不是取决于货币。

黄金价格上涨，商品价格下跌

“目前世界上有些国家的偿还货币是银币，有些是金币。最近，按照自由铸币法，很多国家把这两种货币结合在一起，构成它们的主要货币，就像我们之前所做的那样。现在白银作为主要货币的地位被摧毁正成为一种世界趋势，这一总趋势正扰乱世界贸易，经济实力较强的国家正强迫使用白银的国家以黄金为基础货币同它们进行交易。

“因此，单本位主义者提出所有财产的价值都用黄金衡量，所有债务都用黄金或可用黄金兑换的货币偿还。就像如果我们的债务可以用小麦来偿还的话，那小麦券也可以用来偿还债务，但是一定要有真实存在的小麦作为支持。我们的债务要用黄金偿还，如果用其他货币偿还的话，那这种货币须和黄金一样优质，并可兑换黄金才行，就像用小麦券可以兑换小麦那样。”

世界上的黄金数量

科因继续说道：

“这种政策取决于世界上的黄金数量。

“根据美国铸币厂厂长的报告，世界上有约37.5亿美元黄金，不管如何计算，目前这个数额不会超过39亿美元。

“我们就以39亿美元来计算，来看看这个数字意味着什么。

“1890年世界上约有14亿人口，也就是人均约2.5美元黄金，其大小差不多相当于我手中5美分硬币的一半。”科因说着，拿起一枚5美分硬币。

“要是把世界上这39亿美元的黄金都打造成立方体，堆叠起来可以占据这个22^3立方英尺的室内空间。”

科因指挥两个小男孩分别拿着一根棍子和一卷胶带线去墙角量出22^2平方英尺的面积。在坐在旁边的人的协助之下，他们从墙角开始沿着两面墙各量了22英尺，然后又各平行于两面墙量了22英尺，在距两面墙都是22英尺的交点处垂直放置了一根棍子。

科因继续说道：

“那根棍子22英尺长，由棍子和胶带线包围的部分就是22^3立方英尺的空间。这个空间可容纳世界上所有可用作货币的黄金！”

科因说最后一句的时候，语速很慢，但语气很重。大厅里响起了嘈杂的讲话声，可以看出人们不相信科因这番话，他们觉得“不可能”。因为震惊，很多人都站了起来。整个大厅弥漫着一种微妙的气氛。复本位主义者很紧张，但还是保持微笑，因为他们不相信科因会被难倒。

科因在达到他想要的效果之后，继续说道：“1立方英尺的黄金重达19,258盎司，以其乘以480（即每盎司的格令数），就得到9,243,840格令。

“这样我们就可知晓1立方英尺的黄金多少格令。确切地说，1美元黄金23.22格令。用1立方英尺黄金的格令数除以这个数就可得到1立方英尺黄金的美元数，也就是说，1立方英尺的黄金约相当于398,098美元。

“以3,900,000,000美元，即外界对世界黄金总供给量的估计数，除以398,098，就可得到9796立方英尺。下一个问题就是：9796立方英尺到底占据多大的空间？为了得到答案，我们要这样做，而不是去提取很多人无法理解的立方根。”

说着科因转向黑板，用22乘以22，再乘以22，这样就得到了边长为22英尺的空间的大小，其结果是10,648立方英尺。然后他说道：

“所以你们看，就像我在墙角标出的那个范围，边长为22英尺的空间有10,648立方英尺那么大。

“世界上的黄金总量占据9796立方英尺的空间，可以全部放进我围起来的那个空间，甚至还能剩下852立方英尺的空间，所以你们得承认，这样大的空间就足够了，不需要更大的空间。”

科因看向坐在前排的芝加哥贸易委员会的成员，说：“芝加哥贸易委员会足以放下这些黄金，而且不会特别影响你们的生意，委员会仍能继续交易小麦。”

科因说完，室内又出现一阵骚动，所有人的脸上都出现了诧异的神情。不过那些数字摆在那，所以没人再怀疑了。

测量黄金

科因继续说道：

“我要给你们演示如何用一种简单的方法来验证我刚才的说法。最好你们对我刚才的说法还抱有一丝怀疑。长期以来，人们受到被歪曲了的事实的蒙骗，在这一问题上的欺骗才使世界沦落到当前这种处境，我们必须用事实来根除深植于你们大脑中的那些谎言。

“大都会国民银行的出纳员在这，他手里有125枚20美元面值的金币，这些是做这个简单证明所必需的。”

科因刚说完，大都会国民银行的出纳员就站了出来，手里拿着一袋硬币。科因将一把尺子放在桌子上，又在它旁边放了9枚20美元的金币。站在讲台上的人都围了过来。科因向听众们解释9枚20美元的金币排成一排有1英尺长，那81枚20美元的金币围起来就可以占据1平方英尺。

他又把这些金币摞起来，用尺子量，然后宣布125枚摞起来的金币高1英尺。

科因接着说道：

“用81（1平方英尺的金币数量）乘以125（1英尺高的金币数量），这样就得到了1立方英尺20美元金币的数量，即10,125。再用10,125乘以20（1

枚金币的价值），就能得到1立方英尺金币的价值，也就是202,500美元。

“1立方英尺金币中的10%是其他金属，再加上两摞硬币之间的空隙，这些空出来的空间都快赶上纯金币所占的空间了。所以，如果是用纯金铸成的金币，那么1立方英尺的金币价值398,098美元。

“世界上所有被打造的坚实的金块，都可以堆放在大都会国民银行的柜台后面。”

囤积在芝加哥小麦交易所中的世上所有的黄金

这时科因转向那位出纳员，请他在自己谈到白银之前先行就座。

科因又说：“大多数办公楼都能装下它们。

“人们指出衡量世界上其他财产价值的货币总共就是这些黄金。这就是我们当前商品低价和商业萧条的原因所在。

“印度的货币制度正在经历从银本位制到金本位制的转变，墨西哥和南美洲国家都加入了金本位制国家的队列，甚至世界的天平也在偏向金本位制。如果这些情况成真的话，那随便一块1美元金币（0.05盎司）大小的黄金都会非常值钱，可以购买4蒲式耳的小麦，而不是现在的2蒲式耳。

“而只要半块1美元金币大小的黄金，就能支付一个装备精良的机械师10个小时的劳动费用。只要你手里有足够的钱，就能买到一个人的灵魂——政治家的荣耀。金本位制正在瓦解我们的体制结构，带走人民的希望和幸福。”他用低沉而激昂的声音补充道，“谁能预计世界贸易和商业的损失？谁又能预计人民正在经历又必须经历的痛苦？我们又该怎么形容那些故意在背后把世界引向金本位制深渊的人？”

人群中一个男人站了起来，带着爱尔兰口音呼喊道：“地狱中的小鬼啊，挣脱了锁链，在自私的欢悦中吮吸世界心脏的血液。”这些话用爱尔兰口音说出来，风韵醇厚却包藏火焰与复仇欲——由烙印在人们心中的罪恶激起的强烈的复仇欲。这些话在空气中徘徊萦绕，仿佛在寻找复仇的对象。事后得知，这个男人名叫道尔顿，是芝加哥管道工人工会的会员，他所说的话，让人群中爆发出热烈的掌声。

科因敲了敲桌子，以维持秩序，然后继续说道：“我们来这不是为了发泄感情的，我们是讲求事实的人。”

囤积黄金

世界上白银的数量

科因继续说道：

“复本位主义者提出重新恢复白银的货币地位，并让其成为衡量所有其他财产价值的货币。

“以金银比16：1计算，世界上白银和黄金对应的美元数量差不多。根据铸币厂厂长的报告，1890年，世界上的银币和用作货币的银块加起来共有3,820,571,346美元。

“1立方英尺的白银重10,474盎司，而因为1美元银币包含371¼格令纯银，所以1立方英尺的白银价值13,544美元。

“这个结果是通过用10,474乘以480得出的数字再除以371¼（1美元银币纯银的格令数）得到的。再用3,820,571,346（世界上的白银总价值）除以13,544（1立方英尺白银的价值），就可以算出世界上的白银共占据282,085立方英尺。

“你们理解这是多少白银吗？这些白银加在一起铸成的银块有66英尺宽、66英尺长以及66英尺高。

“这些白银可以放在这栋大楼的某个房间里。任何从密歇根大街过来，从这栋大楼正门进来的人，都得先问问放白银的房间是哪一间才能找到。

“这些白银也可以全部放进芝加哥贸易委员会的房间里，而且，我想还能剩下很多空间供你们整日做生意吧。”

接着科因又让大都会国家银行的出纳员把装有114枚1美元银币的袋子拿上来。科因把其中的64枚1美元银币分成8排，每排8个，围成1平方英尺的面积，然后把这114枚银币竖着叠放，高度有1英尺。科因解释说1立方英尺可以容纳7,296美元的银币。

然后他又向人们解释银币中的其他金属含量是10%，还有64枚银币之间的缝隙，这些空间加起来将容纳6,248美元的白银，所以1立方英尺的空间可容纳1,3,544美元的纯银。

科因还说把世界上可作为货币的金银混以其他金属进行铸造，其占据的空间也不到纯金或纯银所占据空间的两倍。

科因接着说道：“世界上所有可用作货币的白银都可以存放在芝加哥第一国民银行的房间和地下室。

“这就是白银的数量，当有人提到白银泛滥问题的时候，你们最好想到这一点。

“我们听到过很多华盛顿金库管理人员对于白银的抱怨，也听到了更多关于扩大金库的说法。

“但是我们国库大楼的金库其实很容易容纳下世界上所有可以作为货币使用的白银，不管是银币、银条还是银块。

“你可以把世界上所有人的白银都掏空，把所有银行的金库、商人的钱柜、金库分库、儿童保险箱中的白银掏空，把印度、墨西哥、南美洲国家、英格兰、法国、德国、意大利、奥地利、荷兰、英属北美、中国、日本、

大大小小的岛屿中的白银都掏空，所有这些被搜集来的白银都能放进这个大厅，也都能放进美国国库大楼的地下室里。（掌声）

“这是个有关数学计算的问题，所以聪明人无须感到恐慌或者觉得受到了欺骗。”

说完这句话，科因停顿了一会儿，人们面面相觑，继而又转头看向科因。

改变商品价值衡量标准

科因继续说道：

“在1873年之前，世界上的主要货币是保持平价的金币和银币。它们实际上是一类金属。金银的供给是为了满足人们对于主要货币的需求。商品对货币以及货币对商品的相对价值会相应地发生调整。

“因此我们有了1美元小麦、16美分棉花这样的计量方式（以双金属衡量）。1蒲式耳小麦在市场上可以兑换1美元。

“后来美国取消了白银的主要货币地位，4个月后，德国也取消了，然后是拉丁联盟，最近印度也取消了。

“新的商品价值衡量标准建立了。以前白银和黄金共同构成价值衡量标准，而现在只有黄金才是商品价值衡量标准。

“做出这一改变的国家，其现在的商品价值衡量标准只有以前的一半，这意味着所有商品的价值都在下降。

“现在人们对黄金的需求量更大了，而且由于很多国家都放弃使用白银，所以人们对黄金的需求量仍在增加。黄金变得更为贵重，所以用它可以购买更多包括白银在内的商品。

“随着这些变化的影响开始显现，商品价格也开始下降。随着人们对黄金需求量的增加，黄金的价值也提高了。这就像国家对玉米和小麦征收的双重关税全都落在小麦上一样，小麦的价值也会上升。

“所以黄金的购买力继续增加，黄金的购买力增加体现在商品价格下跌上。银币不再是我们的主要货币，与市场上正在上涨的黄金价格相比，白银的价格正在下跌——白银是反映黄金价格上涨的最佳指示计。

“我想请你们看一下这幅卷轴，”说着科因展开了一张羊皮纸并把它挂在了墙上，“它会向你们展示白银价格、小麦价格（每蒲式耳）以及棉花价格（每磅）的下跌情况。

年份	小麦	棉花	白银
1872	1.40	18.0	1.32
1873	1.25	18.2	1.29
1874	1.35	15.0	1.27
1875	1.10	15.0	1.24
1876	1.20	12.9	1.15
1877	1.17	11.8	1.20
1878	1.30	11.1	1.15
1879	1.07	9.9	1.12
1880	1.25	11.5	1.14
1881	1.11	11.4	1.13
1882	1.19	11.4	1.13
1883	1.13	10.8	1.11
1884	1.07	10.5	1.01
1885	0.86	10.6	1.06
1886	0.87	9.9	0.99
1887	0.89	9.5	0.97
1888	0.85	9.8	0.93
1889	0.90	9.9	0.93
1890	0.83	10.1	1.04
1891	0.85	10.0	0.90
1892	0.80	8.7	0.86
1893	0.63	7.0	0.72

用黄金衡量，小麦、棉花和白银每年的平均出口价格（美元）

“虽然我们说的是‘下跌’，但其实也可以说成在以黄金为基础的金融体系下，这些数字反映了货币购买力的提升。

“我们每天说的就是‘小麦或者其他商品的价格已经下降这么多了’。邓白氏公司①上周的报告显示，所有商品的价格平均下降了1%~10%。

“对这种状况明智的理解是：这种在世界上一共占据22^3立方英尺的‘黄金作物’，随着人们对其需求的增加，其价值也会上涨。

“记住，黄金的价值只体现在它的购买力上。1美元金币中的黄金价值可能翻了2倍或者3倍，但是只要它是价值单位，那它就仍然是1美元，所以黄金作为货币时，其价值是不会上涨的。

“其价值只体现在它的购买力上。

“假设目前1美元能买1蒲式耳的小麦，在小麦供应持续正常的情况下，如果后来1美元可以买2蒲式耳小麦，那么就说明黄金的购买力翻了一番。

“我们说商品价格下降，却没想到这是黄金升值造成的，就像我们说太阳在早上升起、晚上落下时，其实说的是我们自己的变化，而太阳是相对固定的。

“商品的价格相对不变，是黄金的购买力提高了。

“现在经常听到1美元银币中的白银只值60美分、50美分或40美分的说法，具体视情况而定。人们也一直在想到底是什么衡量了商品的价值。在我们有两个价值衡量标准的时候，1美元银币是价值计量单位，那时候是绝不

① 邓白氏公司：国际上最著名、历史最悠久的企业资信调查类的信用管理公司，1841年，邓白氏公司创始人刘易斯·大班在纽约成立了第一家征信事务所。林肯、格兰特、克利夫兰和麦金莱等4位美国总统曾先后在邓白氏公司就职。

可能出现1美元银币中的白银价值小于1美元的情况的，就像现在1美元金币中黄金的价值不会小于1美元一样。如果现在金币不再是主要货币，银币成为唯一的商品价值的衡量标准，那么金币也可能会沦为代币，其价值用白银来衡量的话，或许1美元金币中的黄金也只值50美分。”

一个示例

科因继续说道：

“假设金币和银币都不再是主要货币，现在建立了一个新的商品价值衡量标准，即钻石货币。假定1克拉[①]钻石代表1美元或者1个价值单位。

“假设金币和银币现在依重量和纯度作为代币使用，可兑换成钻石这一新的偿还货币。

“在金币银币皆是商品价值衡量标准的时候，1颗1克拉纯钻价值50美元。钻石货币成为新的商品价值衡量标准后，其价值缩水了50倍。在金币银币双价值衡量标准下1蒲式耳小麦在农场中价值1美元，而在钻石货币成为商品价值衡量标准之后，1蒲式耳小麦只值2美分，或者可以说1美元金币中的黄金和1美元银币中的白银只值约2美分。用美元表示的话，1克拉钻石等于1美元，但是如果用购买力表示的话，1克拉钻石可以购买50蒲式耳小麦，这时1蒲式耳小麦只值2美分。

“我再演示一下。在现行的金本位制下，假设1克拉钻石价值25美元，如果我们的货币制度将1克拉钻石确定为价值单位，或者说法律宣布1克拉钻

---

① 克拉：计量宝石质量的单位。1克拉=0.2克。

石为1美元，而且钻石是唯一的偿还货币，那么我们就不会说1克拉钻石值25美元了，我们会说1克拉钻石是1美元或者值1美元。

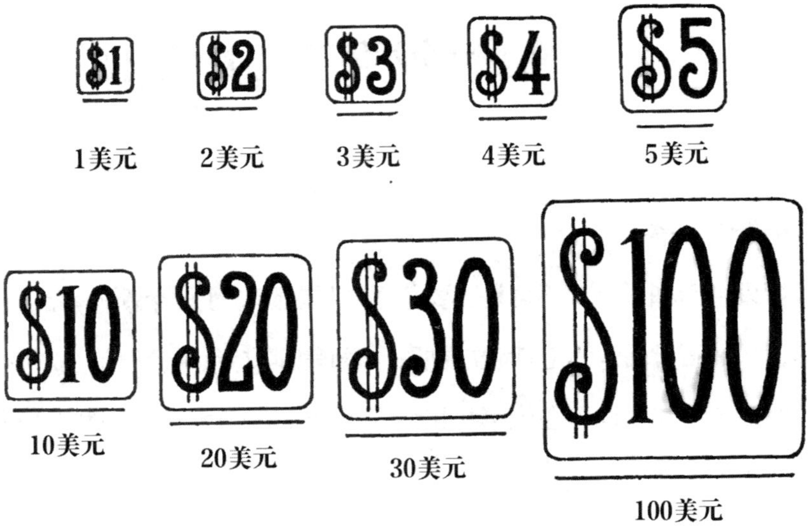

钻石本位制

“用美元和美分表示的话，所有商品的价格都会随之下降。1蒲式耳小麦现在价值50美分。在钻石本位制下，1蒲式耳小麦就只值50/25美分，即2美分了。

“然后就像现在有些人对待白银那样，大家取笑黄金，说1美元金币中的黄金现在只值2美分。这也可以成为反对恢复黄金货币地位的理由，和人们反对恢复白银货币地位的理由一样。（掌声）

“那些被‘1美元银币中的白银只值50美分’这样的呼声欺骗的人，不是放贷人，就是在为骗子买单，要怪只能怪他们自己了。”

另一示例

科因继续说道：

“我们用美元来表示商品的价值，美元是我们的货币单位，这一单位现在是含$23\frac{1}{5}$格令纯金或$25\frac{4}{5}$格令标准金的1美元金币。如果把1美元金币中的纯金或标准金含量减半，减为$11\frac{3}{5}$格令纯金或$12\frac{9}{10}$格令标准金，那除了债务，美国所有财产的价值都可以翻一番。

“如果把1美元金币中的纯金或标准金含量增加1倍，增至$46\frac{2}{5}$格令纯金或$51\frac{3}{5}$格令标准金，那么如果用美元表示，除了债务，所有财产的价值都会降低，债务还是需要用一样多的美元来偿还。

“如果你们不理解我刚才所说的，可以通过扩大比例的方式来理解。继续往美元中添加黄金，让1个货币单位或1美元包含100格令、500格令、1,000格令纯金或标准金，然后继续扩大，直到世界上所有的黄金加起来构成1,000个货币单位或者1,000个1美元硬币。

“谁能放弃足够多的财产去换取1美元？假如你欠的债务需要用100美元的黄金来偿还，也就是世界上黄金总量的十分之一，你要怎么换呢？想想换取这些黄金需要用多少财产。

“再进一步说，把世界上所有黄金都放在1美元里，那么偿还1美元的债务就需要用所有的黄金来支付。减少主要货币的数量，就是相应地减少用美元表示的财产的价值，就会让债务人更加难以偿还债务。

手里有黄金的人

手里有财产的人

“然而，这种不公平的事情就发生在白银被取消其货币地位的时候，世界上一半的主要货币和衡量所有财产的价值标准都被毁掉了，白银以及其他除债务之外的所有财产的平均价值都降低了一半。

“1873年的‘罪行’众所周知。之所以叫‘罪行’，是因为它收走了价值百万美元的财产，造成了成千上万的乞丐，致使成千上万人无家可归，很多人因此选择终结自己的生命。它让坚强的男人流下泪水，让寡妇和孤儿忍饥挨饿、生活痛苦；它毁掉了辛勤劳动的农民的土地；它打破了国家的堡垒；它让一度强大的共和国走向毁灭的边缘，处于摇摇欲坠的危险当中。（掌声）

“请原谅我在这里表达了我的感情，在此我们不是要评论取消白银货币地位这种做法所造成的影响，而是要了解货币是什么以及财政体系在哪些方面发生了变化。”

科因这个年轻的演讲者，未经过特别的构思，只是出于真诚的愤慨，突然讲出这一系列“罪行”。他的话深刻影响了听众。他恳切的言辞打动了人们的心，而在此之前，人们对这一话题的态度从未变动过。

农民在芝加哥一流饭店用餐的费用

人们对于金融问题认识得如此之慢，对于衡量商品价值的标准了解得如此之慢，必须通过惨痛的经历才能吸取教训，这可谓世界上的一桩怪事。

科因对听众说："现在，谁若是觉得关于1美元银币中的白银价值50美分的说法我解释得不清楚或者不能令人满意，可以说出来，让我也听听你的想法。我的解释也同样适用于解释1蒲式耳小麦的价格是50美分的说法。"

埃德·帕德里奇先生是芝加哥贸易委员会著名的空头交易操作者，他一直在认真听着，这时他站了起来。他于1893年开始从事小麦空头交易，那时候1蒲式耳小麦的价格是80美分，他颇为自信地继续把小麦的价格卖空到1蒲式耳53½美分，这令所有人惊讶，直到他从中赚了200美元而且还在继续赚钱。

他笑容满面地冲坐在他周围的贸易委员会的同事眨了眨眼，说道："一年多以前，我懂得了偿还货币和价值的关系并从中赚了不少钱，但是你现在，却把它俩之间的关系泄露了出去。"在一片笑声和掌声中，帕德里奇先生坐回座位。

查斯·亨罗汀先生是贸易委员会的一个操作员，他说他在一份晨报上看到了惠勒先生签署的一份声明，声明中提到1859年小麦的价格和现在一样低，但1859年法律实行的还是复本位制，他想知道这是怎么回事。另外，声明中还提到1873年玉米的价格（1蒲式耳38美分）也和现在一样低，他想听听科因关于这一点的回答。亨罗汀先生表示，在关于1873年玉米的价格为什么和现在一样低的问题上，除非他能得到一个满意的回答，否则他就不会改变自己目前支持金本位制的做法。

科因回答：

"1859年时的小麦价格和现在一样低的说法可不对。

"你们委员会的秘书有战前芝加哥发行的一份商业报的装订本，这些报纸躲过了战火。这些报纸是公开的，我这就有一份。

“报纸上显示，1859年2号红冬麦的平均价格是每蒲式耳1.10美元，1859年5月的平均价格是每蒲式耳1.35美元。”

科因翻开一个装订本，说道：“5月11日（1859年），2号红小麦的报价为每蒲式耳1.38美元和每蒲式耳1.40美元，而小麦现在的价格是每蒲式耳54美分。所以惠勒先生说1859年小麦或者其他商品的价格和现在一样低，可是大错特错了。

科因继续说道：“我们再看看别的商品的价格。现在我手里拿着的是财政部统计局1892年发布的《美国统计摘要》，你们只要写信给财政部就可以得到一本。这份摘要记录了到1892年为止的各种商品的年平均价格。

“在第341页中，我们可以看到，1859年方钉的平均价格是每100磅3.86美元，在1892年是1.83美元，而现在其平均价格是每100磅1美元。

“在同一页，记录了1859年生铁的平均价格是每吨23.38美元，1892年是每吨15.75美元，而现在其平均价格是每吨12美元。

“在第334页中，我们可以看到，1859年棉花的平均价格是每磅12.08美分，1892年是每磅7.71美分，而现在是每磅7美分。

“在第335页中写着，1859年俄亥俄州羊毛的平均价格是每磅60美分，而1892年是每磅30美分。

“从这本贸易期刊上，我们可以得知1859年玉米的价格是每蒲式耳65美分。

“像我刚才读到的那样，其他商品的价格也都下降了。所以可以说，1859年或战前的商品的价格不像现在这样低。

科因看向亨罗汀先生，说道："你提到的1873年玉米的价格是真的，但是我希望你注意一下造成其低价的原因。

"玉米并不像小麦那样能销往较远的市场。一方面是因为每蒲式耳玉米价格很低，商家不能总是负担运费，另一方面，玉米的用途没有小麦那样广泛，所以玉米主要在国内销售。

"在芝加哥贸易委员会1892年报告的第215页，可以看到伊利诺伊州1872年的玉米产量为217,628,000蒲式耳，这一产量控制了1873年春夏两季的玉米价格；而在今年的报告中，1893年的玉米产量为160,550,470蒲式耳，控制了当前的玉米价格。现在人们对玉米的需求量接近人口数量的两倍，比1873年时要大，而1873年伊利诺伊州的玉米产量比1893年的玉米产量要多5,700万蒲式耳。所以，1873年玉米价格低的原因是1872年玉米产量过剩，而当前玉米价格低的原因是政府实行了金本位制。"

世界上的债务

商业国民银行的行长H.M.埃姆斯向科因提问道："假设所有商品的价值都在下降，所有商品的价值都在一个较低的水平上，那一个农民将自己的小麦卖了50美分，他用50美分不是照样能买到以前1美元能买到的东西吗？如果这种说法没错的话——我觉得没错，那又有什么不同呢？"

埃姆斯先生说完就坐下了，他想着自己难住了科因，实现了之前包括劳克林教授、盖奇先生、柯克先生在内的十几个人没能实现的事。

然而，埃姆斯先生可能是他们当中被击倒得最痛快的，也是摔得最惨的一个。

科因转向之前帮他在墙角量22英尺的那个男孩，交代他做些事。

男孩走到前厅，过了一会儿又回来了。他脚前滚动着一个橡胶球，其大小差不多是讲台上最大的那个球的一半。人们给他让路，小男孩把球滚到科因站的地方。科因捡起球，把手放到球上，说：

"这个球的体积与最大的那个球的体积的比例，表示世界上的债务与世界上的财产的比例。如果我们算上各类债务，那目前世界上的债务总共约为2,000亿美元，1890年世界上的财产总值约为4,500亿美元。

"世界财产总值自那以后一直在减少，而且还会继续减少，直到减少到最大的那个球所代表的目前世界财产总值的一半。

“但是代表债务的这个球不会减小，相反，它目前的趋势是变大。

“当这个代表世界财产总值的球的体积缩小到一半的时候，它就和代表债务的那个球差不多大了。

一节实物教学课

“各国历史表明，如果一个国家的债务占其财产总值的三分之二，那这个国家就会发生解体，就会先后发生罢工、暴乱和革命，最后产生临时政府，就像我们的邻国现在这样。

“小麦价格降到每蒲式耳50美分，其他商品价格也相应降低，但是债务可一点也没少，而且只会更加难以偿还。

“5年前发行的一张票据可用1,000蒲式耳的小麦来偿还，现在却需要用1,500蒲式耳的小麦来偿还。

“虽然自1869年我们已经支付了约500亿美元的公共债务的本金和利息，而且我们的债务本金已经从270亿美元减少到100亿美元，但是现在偿还100亿美元债务本金需要支付的财产，相当于1869年偿还270亿美元债务本金需要支付的财产。

一个农民可以用他出售小麦得到的50美分买到同样低价的印花布，但在他的债务上可没有这样的好事。

“放贷人的财产，包括银行券、债券和抵押贷款等并没有缩水。抵押贷款能把债务人的财产榨干。

“你们可能会说：‘啊！不是所有人都负债，可能有一半人负债，让他们清偿债务然后重新开始，日子会好起来的。’

“但是除了放贷人，每个人都有负债，你们所在的城市负债2,000万美元，其中有一部分算是你们欠的。你们所在的县有负债，你们所在的州有负债，你们的政府也有负债。

“你们正为你们的那部分负债支付利息，在你们所在的城市，你们要按评估价值的百分之八缴税，就是你们皆有负债的证明。

“那些有负债的人只会破产得更早。

“美国现在国家、市、州、县、公司和私人债务的总额约为400亿美元。

“铁路债务为50亿美元，占债务总额的八分之一。

“400亿美元的债务，其年利率为6%，利息为24亿美元。当你考虑到美国的货币总供给量为16亿美元，而且利息主要流向东部，那你就会了解这是一块多么大的债务‘海绵’了，它会每年来西部两次，吸干并带走你们的货币。

“要是你们的邻居把钱都送走，那你就没有钱了。

我们的债务就像来到西部的一块大海绵，将我们的钱吸走

“现在通常有两种方式可以把流向东部的钱收回来。一种方式是向他们销售商品，以从中获利，我们现在就在这么做。另一种方式就是借钱。我们的一些朋友都借了钱，他们现在不能再借了。不过就算能借钱，这样做也是无利可图的，因为现在没有一家企业是赢利的。

“目前唯一从东部收回以支付利息的钱，是政府每年支付的约1.6亿美元的养老金，政府雇员工资，以及为没有利润的产品支付的补贴款。

“一方面，国家法律要求必须偿还债务，这一法律由法院和县治安官来执行。

“另一方面，人民没法偿还债务，新的货币单位让人民根本无力偿还债务。这时候法律就会通过没收人民财产来发挥其效力。但是这样做，人民最终会进行报复的。在这一实行了20年的‘合法掠夺’制度的作用下，国家的未来看起来危机四伏。

“虽然我们与东部的债务没有直接利害关系，但是有间接利害关系，这也是我们的商业全面瘫痪的原因。

“在我们调整自己以适应更低的价格水平时，我们马上就面临了这样一个事实：债务不会随其他财产一起贬值，而且因为债务规模之巨大，它对所有人或多或少都是一种压迫，并且还直接带走了数百万人的财产。

“在目前这种情况下，这些债务远远超出了人们的偿还能力，指望这些债务得到偿还不免有些天真了。这就像要把一个6英尺高的人放进一个3英尺长的棺材里，只能把身体弄坏。

“还有一些商品也无法轻易地调整自己的价格以适应更低的价格水平。

“假如得知埃姆斯先生主张的是一些恼怒的农民，他们其中有一人要去验证埃姆斯先生的主张，看看他用50美分可以买到的东西是不是和之前用1美元买到的东西一样多。

一位政客因为一个论点获得了最严重的后果

“我们就假设，他在开始验证埃姆斯先生的主张之前，先去缴税。他会发现，50美分的小麦要缴纳的税款不会像1873年1.14美元的小麦缴纳的税款那么多，但他缴纳税款需要的小麦数量是1873年缴纳同样税款需要的小麦数量的两倍。

“假设他走出法院的时候遇到一个县政府的官员，他问这位官员1873年和现在政府工作人员的工资分别是多少，官员回答说政府工作人员现在的工资和1873年时的美元数一样，市、州和国家官员的工资如此，陆军、海军和海外官员的工资也是如此。而50美分的小麦只有原来三分之一的购买力。然后他动身去车站，买了一张车票，他发现票价和1873年时一样；他买了一张卧铺票，费用和1873年时一样；他在一家一流的旅店登记，费用也和1873年时差不多；后来他又去电报局发了电报，去理发店刮了胡子，去餐馆买了茶和咖啡，都是一样的结果。最后他回到家，去银行借钱，却发现除了城市一级贷款，其他贷款的利息也和1873年时一样高。要是他这时遇到那个告诉他现在50美分的小麦能买到的东西和以前一样多的人，那个人的后果一定很惨。”（笑声和掌声）

科因面带微笑，优雅地向人群鞠了一躬，然后走下讲台，今天的课程结束了。这节课非常充实，不管是多头投机者还是空头投机者，都学到了更多知识。就算他们只了解了世界上的黄金和白银都可以放在芝加哥贸易委员会的屋子里，他们在这节课上花的时间也值了。次日，去芝加哥贸易委员会的空头投机者比过去好几个月去的人都多。

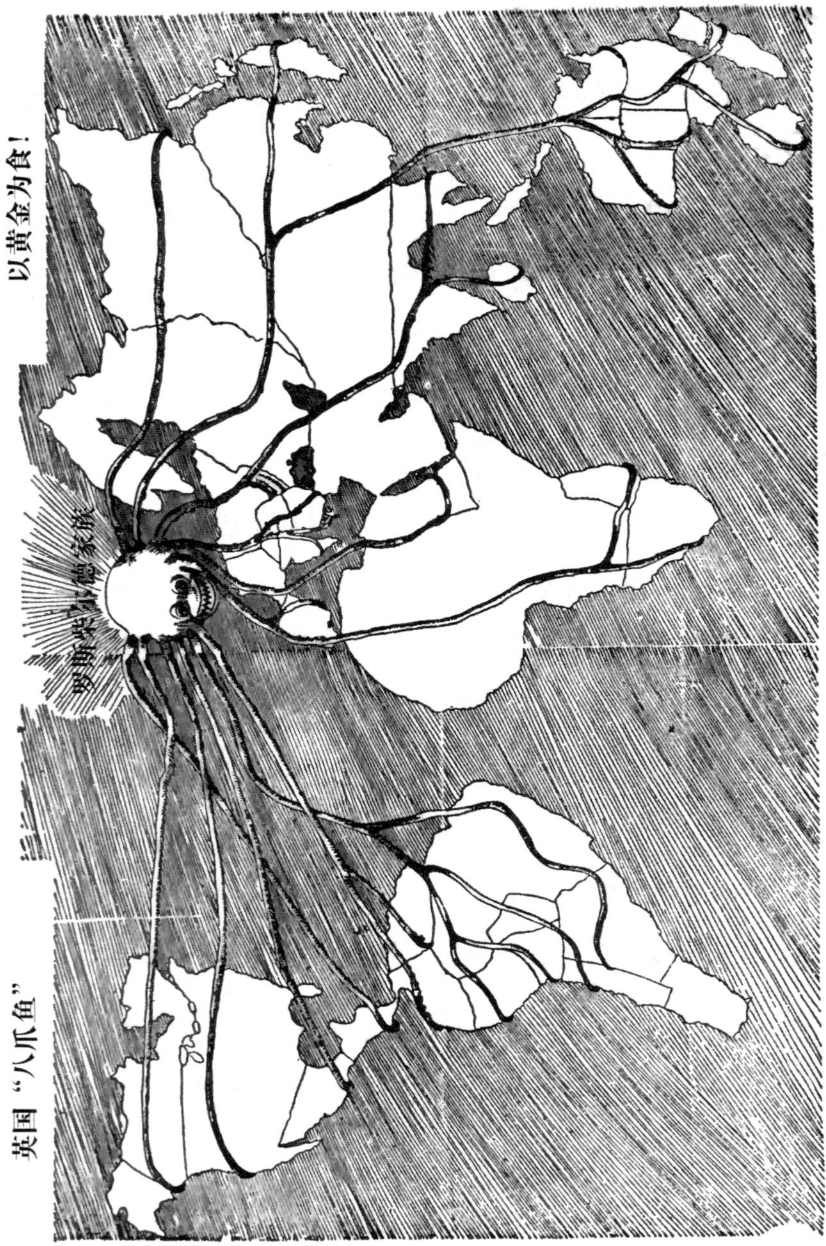

罗斯柴尔德家族拥有全球1,600,000,000美元的黄金，这些黄金相当于芝加哥小麦交易所里黄金总量的一半

一则寓言

一位鹌鹑妈妈和她的孩子们在麦地里筑了巢。

等到麦子变黄的时候，收割麦子的日子就快到了。小鹌鹑们向妈妈建议道，他们是时候搬家了。

就在他们讨论的时候，农场主走了过来，他们听到农场主在跟别人说他要去请邻居帮他收割。

鹌鹑妈妈对她的孩子们说："我们现在还不用搬家。"

几天过去了，麦子更加成熟了，鹌鹑妈妈又听到农场主说他要去请朋友来帮忙收割麦子。

于是，鹌鹑妈妈对孩子们说："我们现在还不用搬家。"

又过去了好多天，麦子都熟透了，再不收割就要烂了，鹌鹑们又听到农场主说他要自己去收割麦子了。

这时候，鹌鹑妈妈才对孩子们说："这才是麦子真正的收割时间，我们得搬家了。"

——来自一本旧剪贴簿

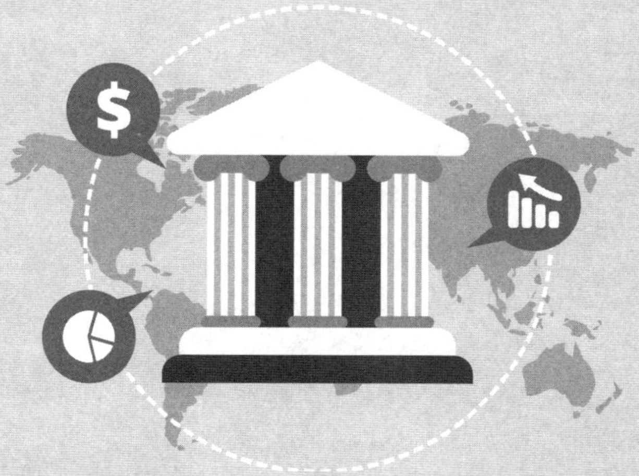

Coin's Financial School

第六章

美国的金融逻辑

第六课

在第五天的课程中，科因处理问题的方式让他大受欢迎。他说过的话对于所有听他讲课的人来说都是一种启示，他所列举的事实都让人印象深刻。

引起最多争论的，还是他的那个“世界上所有的黄金和白银都可以码放在一个地方”的主张，这一主张成了街谈巷议的主题。因为，“世界上所有的黄金都可放在一个22^3立方英尺的空间里”这一赤裸裸的说法听起来荒谬又可笑。

在关于货币地位的问题上，崇尚金本位制的人们当中很少有人愿意相信这一点，他们觉得全世界的生意不可能用这么点钱作为主要货币来交易。他们说：“等着吧，等明天晨报出来。《芝加哥论坛报》会揭露真相的，《洋际报》《先驱报》，事实上所有报纸要么默认，要么反驳，要么给出事实。”

太平洋大酒店的收银员可忙坏了，很多人要看看20美元金币的大小，他们想量量它的直径和厚度。由于没有金币，他们只能去测量银元的直径和厚度，计算世界上的白银能占多少空间，结果他们证实了科因的说法。

来自阿肯色州史密斯堡的杰出市民乔治·森格尔，在帕尔默旅馆的圆形大厅里与一大群人讨论这个问题。他面向人群，站在椅子上说：

"先生们，我刚才到科因的房里核对过政府关于世界上金银数量的报告，我自己也算过金银的数量，然后我发现科因说的是真的。世界上所有可以换成货币的金银都可以放在这家旅馆的办公室里，而不会对旅客住房的舒适度造成很大影响。

"在今天之前，我还是一个单一的金本位制主义者，但是现在美国正逢苦难时期，而且世界上所有可作为货币使用的黄金都可放进一个22^3立方英尺的空间里这一事实击溃了我，现在我和老阿肯色州一起支持复本位制。"

森格尔先生的讲话赢得了满堂彩，他说完之后，其他人也表达了和他类似的观点。

晨报完整报道了科因前一天的讲课内容，在世界上白银和黄金的数量以及它们所占据的空间这些问题上，除了《先驱报》和《芝加哥论坛报》保持沉默外，其他所有报纸都发表社论证明科因的说法是正确的。

大家都知道科因要在最后一天讨论美国独立行动的问题，从想要获得入场券的人数来看，就算是一个比现在的大厅大好多倍的大厅，也很容易被人们坐满。

大厅一经开放，就有一大群人围在艺术学院的入口，走廊里也全是人。在科因讲课的这个大厅里，墙壁被装饰上了美国式色彩，这是由复本位主义者委员会完成的。他们还特别注意讲台周围的装饰，虽然采取了很多装饰形式，但是每一件装饰物都是用美国国旗制成的。场面震撼人心，充满了爱国情怀。

大门一开，大厅里就挤满了人，而且仍有很多人被拒之门外。

复本位主义者委员会用马车把科因从他所在的旅店护送到艺术学院，每节车厢上都挂着美式色彩的装饰物。这是自科因开课以来，人们为向这个年轻金融家致敬而举行的第一场游行。

处处都显示着科因大受欢迎。然而很多人在美国采取独立措施的问题上保留自己的判断，所有人都急于听听在这一问题上科因会怎么说。

科因一出现在讲台上，台下的人们立即热烈鼓掌。在过去五天里，科因早就变得备受欢迎。

科因把绸帽子放在桌上，然后快速走到讲台中间，抬起眼睛看向观众，环顾着面前的人山人海。

一个野蛮的恶棍正在袭击一个美丽的女人“繁荣”，
这一切都落在一个囚犯的眼中，他试图挣脱枷锁拯救这个女人

独立的自由铸币

科因开始说道：

“生活在富裕的土地上，我们却穷困潦倒。无助的儿童、女人和男人呼吁我们摆脱毁掉我们生活和自由的束缚。西半球所有的国家都向他们的共和国姐妹寻求帮助，希望她能帮助解放世界上至少一半的人民。对此，我们的答案是什么呢？（掌声）

“生活在富裕的土地上，我们却穷困潦倒”

“有人说：‘美国必须接受英国选择的金属，将其作为自己的货币，在此方面，美国无法独立做出选择。’那我们就试试，看这话是不是真的。美国人是不会不经尝试就轻言放弃的。如果这话不是真的，那我们就让英国依附于美国，把它的名字从世界各国中抹去。（掌声）

“美国与英国之间的战争将会是人类有史以来最受欢迎的一场战争。（掌声）如果英国真的主宰了世界货币，从而造成了世界范围内的苦难，那这场战争也将是人类有史以来爆发的最正义的一场战争。（掌声）

“不过幸运的是，这不是必要的。那些认为我们必须等待英国，等待其回归复本位制的人，要么就是没有研究过这一问题，要么就是和英国一样，希望继续维持当前的状况。希望英国自愿恢复复本位制，这种想法是徒劳的。英国是全球其他各国的债权国，每年从别的国家收取数亿美元的黄金作为利息。我们每年要支付给它2亿美元利息，它要求我们用黄金支付，合同上也是这么要求的。你们认为它会自愿放弃其中一部分利息吗？黄金的购买力是复本位货币的两倍，它可清楚得很。

“控制英国立法权的是有固定收入的公民，他们每年的利息收入超过10亿美元，而英国举行复本位制会议并通过决议的人，对英国立法权的影响力还不及美国复本位制主义者对美国国会和总统影响力的五分之一。所以不要对英国有任何期待。

“每当财产利益与人性发生冲突时，英国一定是人类自由的敌人。英国一些改革的成功，都是用武力赢得的。英国只屈服于武力。（掌声）

“美国的放债人几乎拥有全美国的金钱，出于自私，他们维护金本位制，他们同样不会让步。他们认为只要金本位制继续维持足够长的时间，人们就会习惯了，习惯了贫穷的境况，然后默默屈服。

“为此，他们还组织了国际复本位制委员会，并说‘再等等英国，它一定会被迫再实行复本位制的’。这只是给人们一种徒劳的希望！在这方面，他们骗了那些耐心等待而又愤慨的人们太久了。

“只要白银的货币地位得到恢复，黄金溢价，我们面前的困难不会超过之前的十分之一。这是为什么？首先，这样做会让所有财产的价值翻一番；其次，美国人民只有百分之四的生意是和外国人做的，而这百分之四里面还有一部分是与使用银币的国家进行的；剩下的百分之九十六的生意都是国内交易。为我们国家百分之九十六的商业利益立法，不比为那剩下的百分之四立法更好吗？

“面对现在的情况，我们必须要采取行动了。我们现在的处境和在山边平坦小路上遇到熊的落基山脉猎熊人的处境相似：猎熊人的左右两边都是悬崖峭壁，附近也没有可供躲避的树，他唯一的武器就是他手里的刀，所以他别无选择，只能去战斗。

“这是他人生中的一场与熊相搏的战斗，他跪下来祈祷，熊好奇地看着他：‘哦，主啊！我如今已经四十岁了，我之前从未向您祈祷过，我不像卫理公会教徒和浸信会教徒那样，总是用他们微不足道的关心来烦扰您。我要说的是如果您不站在我这边，您至少不要站在熊那边，您就保持沉默，什么话也不用说，看一场规模最大的人熊大战吧。’（大笑声）

落基山脉猎熊人的祷告

“在即将到来的争夺贸易主导权的战争中，如果美国要维持尊严，维护人民的自由，实现国家的繁荣，那么英美之间爆发金融战争不可避免。（掌声）

“金本位制会给英国带来全世界的商业利润和财富，而复本位制会让美

国成为世界上最繁荣的国家。（掌声）

“避免战争意味着美国向英国投降，还意味着我们要铸建起一座纪念共和国的坟墓。拖延是很危险的，因为内战随时可能爆发，人们不会一直忍受欺骗和暴行，到时候人们将会反抗给他们造成损失的法律。

“等英国恢复复本位制的想法既幼稚也没有必要。英国的利益不是我们的利益。如果你问我‘不过我们要怎么做呢？’，我的回答是：‘它会自己工作的。’之前我们被笼罩的阴影吓着了，在复本位制以及和它相关的问题上，我们受到了同样多的欺骗。

“通过实行自由铸币法，美国可以立即建立起金银之间的平价关系。任何一个足够大的国家，要是能够购买世界上所有的白银，然后以商品和产品形式支付，就会立即建立起白银与黄金之间的平价关系。（掌声）

“拉丁货币联盟的人口和财富皆比我们少，但是他们40年来一直保持白银溢价，因为他们的铸币厂可以自由铸币，他们的金银比为15½：1，而我们的金银比为16：1。

“如果法国能让白银的商业价值超过其他国家所规定的，而且高于黄金的溢价，美国就能保持白银与黄金的商业价值平价。

“我们不需要自己维持金银平价，因为我们知道墨西哥，南美洲和中美洲、亚洲各国政府及法国从一开始就支持我们，与我们站在同一个立场上。在1894年立即支持复本位制的国家比1873年保持复本位制的国家更加强大。在那些当时保持复本位制的国家中，我们只是失去了德国、奥地利和一些小公国的支持。”（掌声）

第一国民银行的行长盖奇先生在科因第二天的课堂上提出过问题，现在他打断了科因的话。

他说："假如美国采取的独立行动最终没能确立这两种金属之间的平价关系呢？"

科因回答道：

"为什么要因为不太可能发生的假设而犹豫不决呢?

"假定发生某种情况无异于自寻烦恼，其实根本不会发生。不过如果美国采取了独立行动，我们收获的成果一定比我们前进道路上不可逾越的障碍物更加丰富。

"首先，我们希望华盛顿政府对共和党机构友好。

我们解决英国的办法

“政府应该像以前一样行使特权，在金银两种金属中，用它认为合适的一种去支付英国的利息。要让人们明白，黄金在国家货币中并不是不可或缺的，从而降低其重要性。要让那些大型货币中心的银行家们明白，他们必须停止干涉政府的决定，在关于什么是货币的问题上，他们不能对政府发号施令，相反，发号施令的一方应该是政府。少数人应服从多数人的利益。这样我们就可以更好地支持其他政府，告诉它们美国想要的是什么，因为美国引领着复本位制国家。

“人们对于白银的无限需求和政府对白银的自由使用会使白银升值，这样的话，被弃用的黄金价值会下跌。

“因为两种金属都是主要货币，因此不管黄金是否溢价，财产都会上升至复本位制下的价格水平。黄金可能会退出流通领域，但是这并不会实际影响到复本位制下的商品价格。

“应有一部法律规定，对那些区别对待国家货币的人，应没收其财产。国家货币应像国旗一样神圣。现行的法律允许黄金以债券命名应按叛国罪依法惩处。政府将随时准备按需赎回其纸币和代币，不应允许人们有任何妨碍政府行动或腐蚀政府金融体系的歧视行为。

“政府支持复本位制，那么保持金银这两种金属的商业价值平价就没什么问题了。必要的话，政府可以通过支持两种金属中价格下跌的那种发挥其影响力，以维持这两种金属之间的平价。”

盖奇先生说：“但是，如果在经过公平的市场检验后，黄金仍然溢价，那你会建议采取什么补救措施呢？”

科因回道：“降低1美元金币中的黄金含量，直到把金币的重量降低到

金币和银币保持平价为止。”（掌声）

盖奇先生坐下了，但是等到科因打算继续讲课的时候，盖奇又打断了他的话头。盖奇说道：“假如国家允许自由铸银，从而导致银币数量过多，又应该怎么办呢？”

科因说：“把它们放进人们的口袋，把它们投入使用，把它们投入贸易渠道，你要是想存起来，还可以全部存入银行。”（掌声）

盖奇先生坚持道：“但是它会排挤黄金？”

科因回道：“现在我们的黄金正在外流，它还能外流得更快吗？其外流速率从每日500,000美元增加至每日2,000,000美元。难道黄金的短缺比白银的泛滥更加令人渴望？在金本位制下，英国将世界上的黄金全部收入囊中只是时间问题。保留黄金的办法是重新恢复白银的货币地位，这样会导致我们出口的商品价格提高，贸易差额对我们比较有利，足以使我们得到英国的黄金和白银。”

科因又说：“盖奇先生，现在我可以问你一个问题吗？”

盖奇先生回应：“当然。”

科因说：“欧洲持有的美国债券总额据估计不低于50亿美元，这难道不是真的吗？”

盖奇先生回道：“是，这是真的。”

科因继续问道：“这笔债务大部分不是归英国人吗？”

盖奇先生回道：“我想是的。”

科因说：“最近大量黄金被运往英国，商业界因此产生一种看法，认为英国手中的美国债券不止50亿美元。”

盖奇先生道："没错。"

科因继续说："这些债券主要是由铁路债券、市政债券和其他利率为4%~6%的债券组成的？"

银行家盖奇表示同意。

"那你会把4%作为英国持有的美国债券的适当平均利率？"

盖奇先生说："我认为是这样的。"

科因说："盖奇先生，50亿美元的4%是2亿美元，这2亿美元只能用黄金偿还。而世界黄金总产量每年仅为1.65亿美元，其中美国年度产量为3,500万美元。现在除非贸易差额大幅增加，否则我们怎么能向英国支付每年2亿美元的债券利息呢？"

盖奇先生回答："向英国出售更多债券，我们就能获得黄金来支付这些利息。"

科因问道："但是这样不是又增加了我们需要支付的债券的年利息吗？"

盖奇先生勉强应了声。

科因继续问道："这样什么时候能结束呢？"

盖奇先生支吾道："我不知道。"然后他带着满脸疑惑回到座位。

接着科因面向大家讲话，很明显大家对刚才发生的两人的对话感到高兴和满意。

"我们已经把头伸进了'英国狮'的嘴里，现在的问题是怎么把头拿出来。我不喜欢盖奇先生的计划。（掌声）

"他的计划是让我们把头再往'英国狮'的嘴里伸一点。（掌声）

“这和银行家为政府获得黄金所采取的措施一样。（掌声）如果我们继续现在的政策，那么一切都会结束，美国的血肉和意志皆会属于英国，英国会以和平的手段征服美国。英国在18世纪用枪炮没做到的事，却在19世纪用金本位制做到了。（掌声）过去金本位制让英国托利党（保守党）蓬勃发展，现在又滋养了它的朋友。（掌声）纽约商人通过了决议，强烈反对1776年的《独立宣言》；他们也通过了决议，强烈反对美国现在的政策。（掌声）

“反对独立的复本位制的理由是，在16：1的金银比下，这两种金属的商业价值不能保持平价。也就是说，1美元金币中的黄金（23.2格令）比1美元银币中的白银（371¼格令）更值钱。我们曾经两次改变了1美元金币中的黄金含量，每次都是减少它的黄金含量。如果23.2格令黄金的商业价值大于371¼格令白银的商业价值，那么必要的话，就把1美元金币中黄金的含量再降低到22格令、21格令、20格令甚至更少，从而让这两者的商业价值保持一定的比率。自由铸币法一旦再次发挥作用，其产生的实际效果就能证明金银比是自然磨合出来的，二者很容易保持平价。减少1美元金币中的黄金含量，这样可以铸造更多的金币，1美元金币的数量比以前多了好几倍，这有利于商品价格上涨。1美元银币中的白银的重量不应该变化，它的完整性应保持不变。

“对这项计划我们没有异议，因为我们都看到这两种金属之间的平价关系维持了数百年。而复本位制主义者不相信这两种金属之间的价值比率会产生很大作用，他们相信自由铸币法在确定这两种金属之间的平价关系方面具有很大的作用，他们相信任何接近15⅔：1的自然比率都可以带来满意结果。

“在这场争论中，有一点我们是绝不能忽视的，那就是即使黄金溢价，随着白银货币地位的恢复，商品也会产生更高的价格，即复本位制价格。

“在货币科学中有一条固定法则，那就是在两种金属都可以被铸造成主要货币的时候，不管它们是不是已经被铸成硬币，还是已经在流通了，复本位制价格都盛行。”

A.H.富兰克林先生是芝加哥有名的复本位制主义者，他想知道：如果这是必要的或者可取的，有没有切实可行的办法能迫使英国接受复本位制?

科因回答：“有办法，虽然出现紧急情况的可能性不大，但是一旦出现紧急情况，我们能做的就是向从英国及其他所有实行金本位制的国家进口的商品征收高额关税，直到它们采用和我们金银比价相同的复本位体系为止。

“在法国占据我们市场份额的时候，英国承担不起脱离我们市场所付出的代价，英国人民会发出抗议，从而导致英国采用复本位制。如果我们这样做与条约相抵触，那我们就应该打破条约，当关系到人类或一个国家的命运时，所有条约都要终止。

“如果英国向人类宣战，美国就应向英国宣战。（掌声）

“英国在1816年取消了白银的货币地位，从那比后到1873年，金银两种金属之间的平价关系并未受到影响。所以，我们那时候不需要英国，现在也不需要英国。

“当重视白银的国家与重视黄金的国家一样多、一样强大时，自然就会产生一种平价关系。

“墨西哥的农民以1美元1蒲式耳的价格出售小麦，美国的农民以50美分

1蒲式耳的价格出售小麦。世界历史证明前者的价格是公平合理的，而后者正在用鲜血书写自己的历史——裹挟着毁灭与悲哀的、令人瞠目的债务乌云正袭扰着美国的农民。（掌声）对小麦的形容也可用来形容我们的财产。

“如果能够考虑到我们现在用价值2美元的财产才能换取1美元的黄金，那你就会知道我们现在为黄金支付了百分之百的溢价。（掌声）

“这个说法不仅适用于我们的国外生意，也适用于我们的国内生意。

“随着白银货币地位的恢复，加上有一个公正合理的价值标准，如果必要的话，我们可以通过确立国会法案来减少1美元金币中的黄金含量，直到它的价值与1美元银币相同。（掌声）我们可以立法规定黄金的溢价。（掌声）谁会说这不是一种有效的补救办法？我等你们的回应！”

科因停下来等待大家回答，没有人向他提出异议。他继续说：“在对保持两种金属之间的平价关系的补救方案做出不偏不倚的评价之前，每一个‘国际复本位主义者’都有‘黄金单本位主义者’的特征。”

科因又停顿了一下，像是等待有人反驳他的观点。然后他继续说道：

“把人民最喜欢的主要货币还给他们！让我们用两只手来做交易吧！右手是白银，左手是黄金！白银是人民的货币，黄金是富人的货币。

“停止那种貌似合法的抢劫，它正把债务人的财产转移给债权人！

“公民们！政府的完整性受到了破坏，金融信托基金控制着你们的钱，又用你们的钱来掠夺你们的财产。吸血鬼吮吸着你们的商业血液，你们银行里的钱还要接受放债人的检查。他们希望你们安静地屈服，好让你们的同胞任由他们摆布。他们通过法律之手，犯下了一个无以复加的罪行，而他们却又诉诸法律保护自己。如果有个饥饿的工人犯下了非法侵入罪，他们又会诉

诸被他们玷污了的法律惩罚这个工人。把这些货币兑换商赶出你们的地界，让他们发现，人民是他们的主人。（掌声）

“美国掌控着金融局势，并且能够以其倾向于固定的金银比价主导世界的复本位制。

“我们的外交部部长将装有‘自由照亮世界’雕像的轮船驶出纽约港时，应该附上指令：我们应克服英国利己主义的影响，为实现美国工业繁荣发声。

“我们现在是英国的‘帮凶’，我们对世界上最弱小无助的人民进行了最残酷和最不公正的迫害，这是人类历史上只有暴君才能做出的行为。（掌声）

“每年我们的人民要损失亿万美元，无可估量的痛苦蔓延在这片土地上，我们开始了自相残杀，每天都有因饥饿而发狂的穷人被执法者击毙，贫困、困扰和焦虑的阴影笼罩着整个联邦。

“如果我们要行动，那就快点行动起来。

“这些都是实话：‘这既是压迫的结果，也是压迫的保证，受害者很快会变得无力抵抗。屈服于它的第一次侵略之后，人们接着产生致命的怠倦，这种怠倦会摧毁每个人的高尚抱负，把人们变成懦弱的胆小鬼和阿谀奉承的马屁精。人们拥抱自己的锁链，去舔击打他们的手！’

“‘压迫’，又名贪婪，现在又试图奴役这片美丽的土地。它生活得太舒适了，根本不知道人民的生活状况。无论是在将其无助的受害者带入永恒悲戚之夜的俄罗斯，还是在耻辱的影响呈现在人们眼前的爱尔兰，或者在别的地方，都是一样地在施行暴政。

贪婪

“它早就出现在我们身边了，以与在别处出现的相同形式出现，即把财产利益凌驾于人类利益之上。它的影响从上至下，县副治安官认为他每天得到的4美元比他开枪打死的工人的生命都重要。

“普尔曼宫殿汽车公司最近把工人原本就很低的工资又减少了三分之一。人们无法维持生计，纷纷罢工。过了几天，该公司宣布每季度股息为30,000,000美元掺水资本的2%，也就是600,000美元。

“如果这个公司的股东去找工人委员会，并说：‘我们准备宣布我们的定期季度股息率为2%，总金额是600,000美元，我们最终把定期季度股息率定为1.5%，这样的话我们3个月或者说1个季度的股息为475,000美元，另外的125,000美元我们打算用来支付工人的工资。’这样就不会发生罢工事件了，人们会称赞公司慷慨大方，4,000名工人都会因此高兴。

“但是公司不会这样做，它不会想到这些。这些股东生活舒适，他们想要的一切都能得到满足，他们把自己的利益看得比人类利益更重要，他们宁愿看到人们饥寒交迫、沦为奴隶，也不愿公平分配他们企业的利润。

“这种事就发生在你们所在的城市，发生在举办万国博览会的城市，发生在一个应该同我们一般爱国的城市。如果这就是人性，那你怎么能对那些持有我们须用黄金偿还的债券、银行券和抵押贷款的英国人抱什么期望呢？

“我们被迫采取独立行动。犹豫是懦夫的行为！当城市遍地都能听到无助的人们的哀号声，我们还能等待吗？当我们的制度摇摇欲坠，我们还能继续等待吗？（“不——不——不！”的喊声）

“这是为了维护人类的利益而进行的斗争，为了保护我们的家园和家庭而进行的斗争，为了保持政府的纯洁和完整而进行的斗争。

“国家所有持有投票权的聪明人都无法理解，把我们的主要货币数量减少为原来的一半，财产价值也会相应减少，这是人类历史上难以解释的一个现象。

“而理解这一现象的人应该走到人民中间，让人民意识到他们现在所处的危险境地，并唤醒他们，用类似你在洪水和火灾来临时发出的惊叫来唤醒他们。

“像保罗·里维尔骑马飞过大街时喊的‘英军即将来袭’那样唤醒

他们。

“让英国对我们发号施令，这一点也不是美国人的精神。

“富兰克林在担任驻英国大使时，曾经出席了在伦敦举办的一场宴会。在这场宴会上，大家提议英国首相、法国大使和美国大使分别代表各自国家说一句祝酒词。

“首先祝酒的是英国首相，他滔滔不绝地赞美自己的国家。在快要结束讲话时，他举起酒杯，说道：‘为大不列颠干杯，它是给地球上所有国家送去光明的太阳。’

“第二个祝酒的是法国大使，他客观公正地描述了自己的国家。最后，他模仿那位英国首相举起酒杯，说：‘为法兰西干杯！它是用自己奇妙的光轮辉映世界潮汐的月亮。’

“富兰克林代表美国起身祝酒的时候，所有人都看向他。法国大使接住了英国首相抛过来的挑战，对法国在世界各国中的地位做出了恰如其分的描述。那富兰克林会说什么呢？他会代表美国好好表现吗？

“富兰克林在做出了优雅恰当的反应之后，将酒杯举至和双眼齐平的位置，说：‘现在请为美利坚合众国，伟大的约书亚干杯！他命令太阳和月亮站住不动，而它们果真就踏步不前了。’（掌声）

“如果那时候所有美国人都听到了富兰克林先生的话，那么在这片土地上就会响起一片沸腾的欢呼声。

“如果现在我们的政府和国会对英国说‘站住不动’，那么举国皆能听到欢呼声，庆祝美国第二次独立。”（持久的掌声）

科因的讲课结束了，听众们都站了起来，掌声雷动，经久不息。人们纷纷和这位年轻的政治家握手，还有一些人聚集在讲台上围着科因。

之后，一位仪表堂堂的绅士出现在讲台上，举起手以引起大家的注意。这位绅士名叫 J.L.考德威尔，是西弗吉尼亚州亨廷顿第一国民银行的行长。在获得了人们的关注后，他说：

“我是国民银行的行长，首先我想对你们说，所有国民银行家都不会把个人的私利凌驾于对祖国的热爱和人民的利益之上。

“我们中的有些人已经站出来反对金本位制，支持立即以黄金和白银16：1或15½：1的比价恢复自由铸币法，美国脱离英国，独立实行复本位制。（掌声）

“现在我提议为科因欢呼三声。”

所有人都欢呼了起来。透过开着的窗户，欢呼声传到了两个广场之外的地方。

科因的“学校”就这样结束了。他在芝加哥完成了有关复本位制课程的讲授。

较量的结果会是什么？

没有人知道。在力量与权力的斗争中，获胜的往往是前者。

它会在美国获胜吗？

附　录

值得注意的是，在科因讲课期间，没有人问过关于“生产过剩”的问题。科因后来也注意到了这一点，他的回答是，他一点也不意外，所有调查过这件事的人都承认现在的情况是生产不足，报纸很少提到此事。只要还有成千上万的人在忍饥挨饿，就不能叫作生产过剩；唯一公认生产过剩的人们，是百万富翁。

科因在他的课程中使用了“16：1”来描述金银比。这是为了方便人们理解，确切的金银比是15.98：1，但是因为“16：1”是常见用法，所以确切的金银比“15.98：1”反而会让人困惑。

根据人口普查局于1892年6月4日发布的《第192号人口普查公报》，美国所有财产的估值为24,651,585,465美元。

在给出美国的公共债务、公司债务和私人债务数目时，科因部分使用了人口普查局的报告，并增加了估算的海事债务、账户债务、典当行债务、未登记在册的私人债务、租金和其他合同到期的债务，这些都没有包括在官方的报告中。就官方报告而言，我们的较大债务项目包括：

美国国家债务（1890年美国人口普查）——891,960,104美元

州及市政债务（1890年美国人口普查）——1,135,210,442美元

1892年171,866英里铁路债券（1893年标准普尔）——5,463,611,204美元

从分布在整个联邦的各县的部分回报表中可以看出，农场和家庭的平均债务分别为1,288美元和924美元。如果这一债务平均数目适用于全美，那么：

美国的农场和房屋所有者的有效债务（据第11次人口普查报告估计）——2,500,000,000美元

商业地产、铁路、工厂、公司抵押债务（据第11次人口普查报告估计）——5,000,000,000美元

3,773家国民银行的贷款（《美国统计摘要》）——2, 153,769,806美元

5,579家储蓄、股票和私人银行及信托公司的贷款（《美国统计摘要》）——2,201,764,292美元

如果将从1880年到1892年间的这些债务数目乘以相同的递增比率，现在应该将以上所列的债务总数目再增加50亿美元。

根据科因在第五章中使用的数据，我们发现金银两种金属的实际比率为15⅔：1。

计算方法如下：

世界上的黄金占据的立方英尺总数

9,796

1立方英尺的黄金重量（按盎司计）

19,258

78,368
48,980
19,592
88,164
9,796

188,651,368

世界上的白银占据的立方英尺总数

282,085

1立方英尺的白银重量（按盎司计）

10,474

1,128,340
1,974,595
1,128,340
282,085

2,954,558,290) 188,651,368 (15⅔

1,068,044,610
943,256,840

124,787,770 / 188,651,368 = ⅔

金银比

世界上可用作货币的黄金和白银的价格比率为15⅔：1。

使金币成为唯一的货币，结果会导致白银的价格降低；白银价值降低导致金银两种金属的价格比率变为33：1；由于美国持有大量的黄金有息债务，货币迟早要集中在货币中心，所有的财产的价值会进一步下降，直到黄金与白银的价格比率达到40：1，甚至更大。

在第一章中的“1873年的罪行”这节的末尾，科因曾提到铸币厂厂长发布的报告显示，1893年世界上的白银产量为143,096,239美元。这源于当时的报纸上发表的报告。然而现在铸币厂厂长发布的报告显示，当时白银产量为2,08,371,100美元。不过因为克利夫兰政府对白银存在诸多偏见和敌意，又考虑到人们往往依据不可靠的信息来源来获取信息，所以有人对铸币厂厂长最近给出的有关白银的数据的公正性存有疑问。当人们认为克利夫兰总统上梁不正，不尊重法律和习俗，而且表现出让一切都屈从于他的热切愿望时，就进一步加深了这种怀疑。我们指的是他在废除那部法律之前就停止了铸造银币；未经参议院同意就任命了一名驻夏威夷全权公使；更有臭名昭著的行为，即在通过《废银法案》时利用赞助费去购买国会议员的选票，除此之外，还有读者现在仍记忆犹新的其他法案。所以人们认为，克利夫兰政府给出的任何有关白银的数据都不可靠。当今世界，没有比克利夫兰先生更公然倡导和热心于金本位制的人了。

金本位制带走了人们的灵与肉